Benjamin Schneider

Facebook Marketing für Unternehmer

Ein neues Projekt umzusetzen und erfolgreich zu gestalten ist in der Regel schwerer als du vorher denkst. Dennoch habe ich ein Motto, welches mich mein ganzes Leben lang begleitet: Giving up is not an option! – **Ben Schneider**

Benjamin Schneider

Facebook Marketing für Unternehmer

So steigern Sie noch heute Ihren Umsatz mit Werbung bei Facebook!

1. Auflage

ISBN: 978-3-9819311-2-9

Urheber und Autor:

Benjamin Schneider

Reinhartshofer Straße 41
86845 Großaitingen

Für Fragen und Anregungen:

Email: info@benschneider.biz
Web: http://benschneider.biz

Inhalt

Vorwort von Dirk Kreuter 7

Auf ein Wort 10

Über den Autor – Wer ist Ben Schneider? 12

Warum Facebook Werbeanzeigen? 15

Vergleich: Facebook Werbeanzeigen vs. Google AdWords 20

Facebook Fan Page 26

Facebook Business Manager 32

Facebook Werbeanzeigen 36

Page Post oder Dark Post Werbeanzeige? 42

Die Ziele deiner Werbeanzeige 45

Unterscheidung: Werbekampagne, Anzeigengruppe und Werbeanzeige 49

Grundsätzliches Marketingwissen für Werbeanzeigen 55

Du bist der Experte! 69

Schritt für Schritt Anleitung zum Erstellen einer Werbeanzeige 79

Conversion Pixel 80

Zielgruppendefinition 83

Demografische Auswahl 84

Custom Audience 87

Look-a-like Audience 93
Anzeigenplatzierung 95
Facebook 97
Budget & Zeitplan 103
Werbeanzeige 109
Wie du eine Anzeige erstellst, die viral geht 120
Wie viel Budget brauche ich und was kann ich erwarten? 128
Mindestbudget für Facebook Werbeanzeigen 128
Welche Kennzahlen sind wichtig und welche Kenngrößen sollten diese haben? 129
Anzeigen skalieren – Was bedeutet das? 131
Praxisbeispiele: Facebook Werbeanzeigen 134
Meine Strategie zur Lead Generierung 138
Meine Strategie, um direkt Produkte zu verkaufen 142
Meine Strategie für professionelles Retargeting 150
Wann macht es Sinn Retargeting Ads zu schalten? 151
Teste, Teste, Teste! 161
Warum Werbung bei Facebook nur die halbe Wahrheit ist 164
Schlusswort 166

Vorwort von Dirk Kreuter

Sie versenden Mailings? Sie machen Telefonakquise? Sie machen Kaltbesuche im Außendienst? Sie gehen auf Messen? Sie gehen als Aussteller auf Messen und warten darauf, dass die Besucher zu Ihnen kommen?

Das können Sie alles gerne machen, mit mehr oder weniger Erfolg. Tendenziell eher: Weniger Erfolg, denn wir haben das Jahr 2017!

Es gibt bereits das Internet. Mittlerweile erreichen Sie Ihre Kunden, Ihre potenzielle Zielgruppe online.

34 Millionen Menschen in Deutschland sind mindestens alle 28 Tage einmal online bei Facebook.

Sie erreichen alle Konsumenten!

Sie meinen, dass Sie den CEO eines Dax-Konzerns nicht bei Facebook erreichen. Sie glauben, dass Senioren nicht online sind? Das mag sein.

Aber die Kinder und Angehörigen der Senioren - die sind bei Facebook aktiv. Oder der Assistent des Vorstands, seine Tochter, seine Frau und die erzählen, was Sie dort erlebt haben.

Wir haben das Jahr 2017! Heute erreichen Sie jede Zielperson online.

Warum Facebook? Bei Facebook können Sie Ihre Zielgruppe genau bestimmen (neudeutsch „targetieren“) nach Geschlecht, Alter, Region und Interessen.

All das ist öffentlich bei Facebook! Das bedeutet für Sie, dass Sie jeden Euro, den Sie in Facebook-Werbung stecken, so gezielt einsetzen, wie Sie es mit keinem anderen Werbebudget machen werden.

Das eröffnet allen, die etwas verkaufen wollen, sei es Produkte, Dienstleistungen oder Meinungen, oder auch neue Mitarbeiter suchen, die Chance, mit einem überschaubaren Werbebudget unglaubliche Erfolge zu erzielen.

Noch vor ein paar Jahren hätten Sie sechs- oder siebenstellige Beträge in die TV-Werbung stecken müssen, um den gleichen Effekt zu erzielen. 2017 erreichen Sie die gleichen Effekte mit ein paar zehntausend Euro.

Kann das jeder erreichen? Nein!

Nur die, die sich wirklich auskennen! Wenn Sie nicht wissen, wie das funktioniert, verbrennen Sie auch bei Facebook Geld.

Und genau aus diesem Grund ist dieses Buch, das Sie jetzt in den Händen halten, so ungemein wichtig und wertvoll.

Das ist Ihr Einstieg in die Neukundenakquise, in neue Umsatzregionen, in mehr Bekanntheit und neue Mitarbeiter.

Ich kenne den Autor, Ben Schneider, jetzt schon seit einigen Jahren.

Er ist voll im Thema und erzählt nicht nur, wie es geht. Er nutzt es auch für sich selbst.

Ich wünsche Ihnen mit diesem Buch viele spannende Erkenntnisse, die Entdeckung einer neuen Welt und natürlich „fette Beute!"

Ihr Dirk Kreuter

Dirk Kreuter ist Unternehmer, Verkaufstrainer und Redner aus Bochum. Er ist Trainer des Jahres, Speaker of the Year und 2017 wurde eines seiner Unternehmen als eines der schnellstwachsenden Unternehmen in Deutschland ausgezeichnet. Er selbst investiert jedes Jahr siebenstellig in sein Online-Marketing. Er ist Marktführer im Bereich offene Seminare für Verkäufer in Europa. Natürlich finden Sie ihn auch online auf seiner Website unter http://dirkkreuter.com oder bei Facebook.

Auf ein Wort

Herzlich Willkommen in meinem Buch über Facebook Marketing und vor allem über Facebook Werbeanzeigen.

Damit du weißt, mit wem du es zu tun hast, möchte ich mich kurz vorstellen und dir zudem erklären, warum ich dich in diesem Buch duzen werde.

Fangen wir mit Letzterem an.

Ich verwende in diesem Buch die DU-Form, da es dir als Leser meiner Meinung nach einfacher Fallen wird, mir im Laufe des Buches zu vertrauen, wenn ich dich wie einen Freund mit DU, anstatt wie einen Kunden mit Sie anspreche.

Bei uns Internetunternehmern gibt es untereinander kein Sie und auch mit den meisten meiner Kunden bin ich per du. Das hat nichts mit mangelndem Respekt oder übermäßiger Freundschaftlichkeit zu tun, sondern mehr mit der Tatsache, dass es bei uns kein steifes Image oder unnütze Etikette gibt.

Was bei uns zählt, ist das Ergebnis und nicht wie mein Gegenüber aussieht oder spricht.

Früher konnte man noch mit einem schicken Anzug und einer teuren Uhr viel Augenwischerei betreiben. Heute geht das nicht mehr, zumindest nicht bei dem Thema über welches es in diesem Buch gehen wird.

Im Internet ist inzwischen so gut wie alles nachvollziehbar. Was zählt sind Daten und Fakten. Schönes Gerede ist hier fehl am Platz.

Ich kann in meinem Onlineshop genau nachvollziehen, ob mein Kunde über eine Werbeanzeige von Facebook kam oder nicht. Ich kann sogar nachvollziehen, wie viel Geld er über welche Anzeige bei mir ausgegeben hat.

Wir können über Facebook unendlich viele Klicks generieren, da aber die meisten nicht kaufen, können wir mit gezielten weiteren Retargeting-Werbeanzeigen genau diese Menschen erneut ansprechen.

Wir können Menschen ansprechen, die auf unserem Onlineshop waren, ein Produkt in den Warenkorb gelegt, aber dann doch nicht gekauft haben.

Genau das ist die Macht von Facebook Werbeanzeigen und genau diese Macht möchte ich dir in diesem Buch so nahe bringen, dass du selbst in der Lage dazu bist, deine Firma mit Hilfe von Facebook Werbeanzeigen auf das nächste Umsatzlevel zu katapultieren.

Über den Autor – Wer ist Ben Schneider?

Mein Name ist Ben Schneider.

Ich betreibe seit 2013 einen eigenen Onlineshop und berate zudem andere Onlineshops, wie auch lokale Unternehmen im Bereich Online Marketing.

Mein Spezialgebiet hierbei ist Facebook Marketing mit Werbeanzeigen.

Das Interessante für dich dabei ist, dass ich die Unternehmen nicht nur klassisch berate, sondern ich erstelle auch die Werbeanzeigen und verwalte die Werbekonten meiner Kunden.

Dadurch kam ich in Kontakt mit den unterschiedlichsten Branchen und Produkten.

Ich habe von Goldbarren und Silbermünzen, über Cremes für Babys, bis hin zu Trendprodukten nach Amerika eigentlich alles verkauft. Sogar Werbeanzeigen für den Vertrieb von Silos für den Landwirtschaftsbereich habe ich bereits geschaltet.

Eines kann man nicht lernen und das kann ich dir auch in dem Buch nicht mitgeben. Erfahrung! Je öfter du etwas machst, desto besser wirst du werden. Genauso ist es auch mit Facebook Werbeanzeigen.

Wichtig ist mir, dass ich versuche, dir so viel wie möglich von meiner Erfahrung in diesem Buch mit auf den Weg zu geben. Aber wichtig ist, dass es nicht beim Lesen des Buches bleibt, sondern, dass du in die Umsetzung kommst. Nur wenn du anfängst dein Wissen umzusetzen, wirst du mit der Zeit auch besser werden.

Nutze diese Chance und lerne aus meinen Fehlern und von meiner Erfahrung. Das Wissen, welches du in diesem Moment in deinen Händen hältst, kann dir schon in wenigen Wochen tausende Euros Gewinn für deine Firma bringen.

Nein, dies ist keine Übertreibung!

Ich habe Anzeigen mit 0,50 Euro pro Lead oder mit über 1.000 Euro Umsatz bei weniger als 20 Euro Werbebudget geschaltet.

Bei einem Kunden haben wir mit einer einzigen Werbeanzeige und weniger als 200 Euro Werbebudget innerhalb von vier Wochen insgesamt 25 Angebote an Interessenten mit einem Auftragsvolumen von über 750.000 Euro verschickt.

Allein dieser kleine Ausflug sollte dir die Macht und Möglichkeiten von Facebook Werbeanzeigen klar machen.

Jetzt sind wir in Deutschland noch am Anfang, weil sich 95% der Unternehmer damit noch überhaupt nicht auskennen. Deswegen musst du auch jetzt mit dabei sein und nicht erst in 2 Jahren, wenn es alle machen und du den nächsten Trend verschlafen hast!

Nimm dir wirklich Zeit dieses Buch zu lesen, mache dir Notizen und lies manche Kapitel mehrmals, bis du alles verstanden hast, denn eines möchte ich dir noch mit auf den Weg geben: Je weniger Wissen du hast, desto mehr Geld wirst du mit deiner Werbung bei Facebook kaputt machen.

Facebook Werbeanzeigen sind eine Waffe für jeden Unternehmer, aber nur, wenn du weißt, wie du diese Waffe zu bedienen hast. Ansonsten schießt du nicht wie ein Scharfschütze, sondern wie ein Bauer, der mit Kanonen auf Spatzen ballert.

Solltest du im Anschluss an dieses Buch mehr Informationen zum Thema Online Marketing, E-Commerce oder Facebook Marketing haben wollen, lege ich dir folgende Links von mir ans Herz:

Mein YouTube Kanal:	http://benschneider.biz/youtube
Mein Podcast:	http://benschneider.biz/podcast

Warum Facebook Werbeanzeigen?

Bevor ich dir gleich das Warum erkläre, möchte ich dir den Ausschließlichkeitsgedanken nehmen. In diesem Buch geht es um Facebook Werbeanzeigen und Facebook ist wirklich eine tolle, wenn nicht sogar die derzeit beste Möglichkeit im Internet zu werben.

Dennoch gibt es auch andere Werbemöglichkeiten, wie Google AdWords, Newsletter Werbung oder Shopping Ads in Suchmaschinen, die ebenfalls ihre Daseinsberechtigung haben.

Es geht also für dich als Unternehmer beziehungsweise für dein Unternehmen nicht darum, alles andere links liegen zu lassen oder sogar abzuschalten und jetzt an nichts anderes mehr als an Facebook Werbeanzeigen zu denken. Sondern es geht darum, dass du die Werbemöglichkeit über Facebook Werbeanzeigen mit in dein Marketingportfolio aufnimmst und dir dadurch zusätzliche Möglichkeiten schaffst, wie du neue Kunden gewinnen und somit mehr Umsatz generieren kannst.

Warum solltest du ab sofort bei Facebook Werbeanzeigen schalten?

In einem Satz?

Weil es meiner Meinung nach die derzeit beste Möglichkeit ist, seine Zielgruppe zu erreichen.

Schauen wir uns diese Aussage etwas genauer an.

Wenn wir uns eine neue Marketingaktion überlegen, dann ist, abgesehen von dem Endziel, immer das Ziel, genau die Menschen zu erreichen, die wir mit unserer Werbung ansprechen möchten.

Genau das können wir bei Facebook besser als derzeit auf allen anderen Plattformen.

Bei Facebook kann ich allein über demographische Angaben, wie dem Alter, dem Wohnort, das Geschlecht oder der Sprache, meine Zielgruppe bereits sehr gut eingrenzen.

Aber der bessere Teil kommt erst noch. Facebook weiß nicht nur wie alt wir sind und woher wir kommen, sondern Facebook weiß ganz genau, welche Interessen wir haben, auf welchen Seiten wir uns herumtreiben und wie unsere derzeitige Lebenssituation aussieht.

Klingt etwas gruselig aus Nutzersicht, oder? Ja, finde ich auch! ☺

Aber aus Sicht des Unternehmers, der Werbeanzeigen schalten möchte, kann dir gar nichts Besseres passieren, als einen Partner, in diesem Fall Facebook, zu haben, der dir alle Informationen über die Menschen gibt, die du erreichen möchtest. Denn so kannst du genau auswählen, wem du deine Werbeanzeige anzeigen möchtest und wem nicht.

Das Resultat daraus sind geringere Werbeausgaben und höhere Abschlussraten.

Das allein wäre eigentlich schon sehr gut für uns Unternehmer. Aber ich erzähle dir gleich, was du noch alles bei Facebook machen kannst und glaube mir, jetzt wird es richtig spannend.

Hast du schon einmal etwas von einer Custom Audience oder Look-a-Like Audience gehört? Ich möchte jetzt nicht zu viel vorweg nehmen, da ich die beiden Zielgruppen in eigenen Kapiteln später noch ausführlich behandeln werde, aber einen kleinen Einblick möchte ich dir in die Macht der Zielgruppen bei Facebook jetzt schon geben.

Du kannst bei Facebook sogenannte Custom Audiences erstellen. Das bedeutet, dass du dir deine eigene persönliche Zielgruppe erstellst. Zum Beispiel aus allen Menschen, die deine Website besucht oder etwas in den Einkaufswagen gelegt haben.

Zudem könntest du dir eine Zielgruppe aus allen, die sich ein Video von dir bei Facebook angesehen haben erstellen und somit wieder eine andere Anzeige schalten, die nur denjenigen angezeigt wird, die sich dieses eine Video bei Facebook angesehen haben.

Das wäre die zweite krasse Möglichkeit seine Streuverluste drastisch zu reduzieren.

Wenn ich dir jetzt noch erzähle, dass du bei Facebook sogenannte Look-a-like Audiences erstellen kannst, bei denen Facebook selbstständig zum Beispiel 1% der Menschen bei Facebook sucht, die sich ähnlich wie deine Custom Audience verhalten, dann erklärst du mich vermutlich für verrückt. ☺

Ich sage ja, Facebook Werbeanzeigen sind ein Tool, welches du für dich und dein Unternehmen einfach nutzen musst! Einfacher als jetzt wird es nicht mehr.

All diese Zielgruppenauswahlmöglichkeiten haben nur ein Ziel und genau das ist für dich als Werbetreibender super wichtig.

Dein Ziel ist es, genau die Menschen anzusprechen, die sich für dein Produkt oder deine Dienstleistung interessieren.

Jedem, dem du deine Werbeanzeige zeigst, der aber kein potentieller Kunde ist, bedeutet für dich verbranntes Geld.

Zudem hast du über Facebook sehr viele Analyse- und Trackingmöglichkeiten.

Du kannst sehen, aus welchem Land und Bundesland deine Klicks kommen. Zu welchen Zeiten die Menschen mit deiner Werbeanzeige interagiert haben. Wie viele Menschen tatsächlich und prozentual auf deine Werbeanzeige geklickt und gekauft haben. Du kannst sogar sehen ob es sich um einen Desktop, Smartphone, Tablet und Android oder einen IOS Benutzer handelt.

Ja, wir sind inzwischen leider alle gläserne Menschen, aber dann sollten wir wenigstens versuchen auf der Seite zu stehen, auf der uns diese Informationsweitergabe einen Vorteil einbringen kann.

Vergleich: Facebook Werbeanzeigen vs. Google AdWords

Inzwischen gibt es im Internet auf dem Pay per Click (PPC) Anzeigenmarkt zwei große Platzhirsche: Facebook und Google.

Gerade durch meine Videos bei YouTube und meinen eigenen E-Commerce und Online Marketing Podcast bekomme ich oft die Frage nach der besseren Werbeform gestellt.

Dabei gibt es für mich in diesem Fall nicht DIE bessere Werbeform, denn es sind zwei unterschiedliche Systeme, welche man nach Möglichkeit beide für sich nutzen sollte.

Schauen wir uns beide Werbeformen einmal etwas genauer an.

Google AdWords

Der Kunde sucht!

Bei Google AdWords habe ich keine Möglichkeit Bilder in meine Werbeanzeige einzubauen. Ich habe eine Werbeanzeige mit zwei Titelzeilen, welche aus jeweils maximal 30 Zeichen bestehen, einen Beschreibungsraum für maximal 80 Zeichen und die URL.

Wem meine Werbeanzeige nun angezeigt wird, entscheide ich bei der Erstellung durch die Auswahl der Keywords.

Ich wähle beispielsweise „Facebook Experte", „Facebook Werbeanzeigen erstellen" und „Facebook Profi" als Keywords für meine Werbeanzeige aus.

Gibt jemand in das Suchfeld bei Google einen meiner drei ausgewählten Keywords ein, erscheint meine Werbeanzeige über den organischen Suchergebnissen.

Bezahlen muss ich nur, wenn jemand auf meine Werbeanzeige klickt.

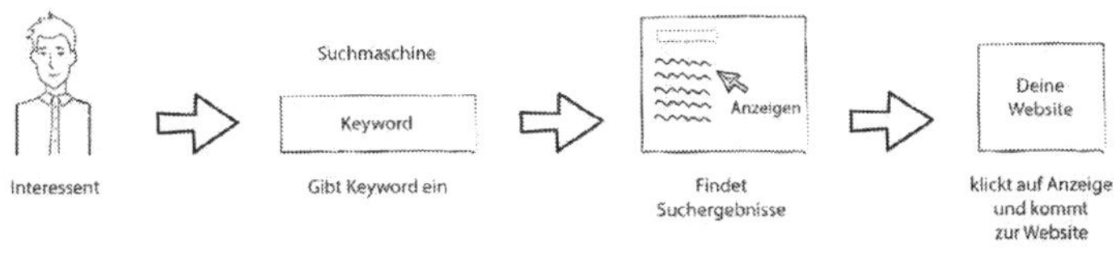

Der Vorteil hierbei ist ganz klar, dass der Kunde sucht. Der Kunde ist auf der Suche nach einer Lösung für sein Problem und durch die Anzeige unserer Werbung bei Google können wir ihn dazu bringen, auf unsere Website zu klicken und ihm dort eine Lösung für sein Problem zu präsentieren.

Der Nachteil bei Google AdWords ist, dass ich zum einen fast keinen Gestaltungsspielraum für meine Werbeanzeige habe und zum anderen meinen Kunden nicht wirklich definieren kann.

Ich kann nur Keywords auswählen und jeder, der dieses Keyword eingibt, bekommt meine Werbung angezeigt.

Facebook Werbeanzeigen

Ich zeige dem Kunden mein Angebot! (ob er möchte oder nicht).

Anders als bei Google, sucht der potentielle Kunde bei Facebook nicht. Er ist möglicherweise einfach bei Facebook, um seine Nachrichten oder den Status seiner Freunde zu checken.

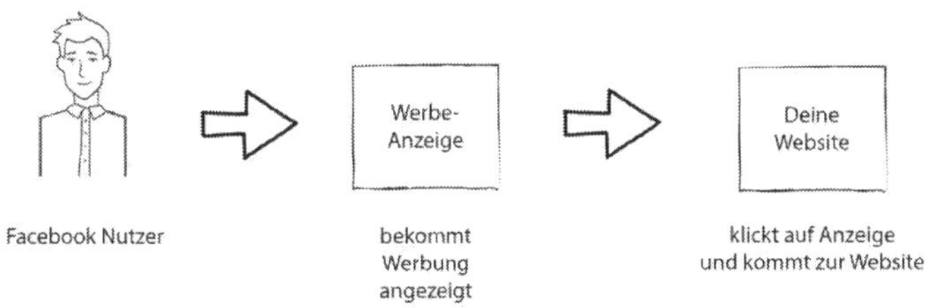

Da er jedoch perfekt in das Bild unserer ausgewählten Zielgruppe passt, bekommt er jetzt unsere Werbung angezeigt.

Hat er jetzt gerade Lust auf diese Werbung?

– keine Ahnung …

Hat er jetzt gerade Zeit, um sich unser Angebot anzusehen?
– keine Ahnung ...

Warum sollte er auf unsere Anzeige klicken? – Weil diese für ihn sehr interessant ist und sein Problem lösen kann!

Anders als bei Google, haben wir bei Facebook die Möglichkeit, unsere Anzeige wirklich schön und interessant zu gestalten.

Wir können viel Text und Smylies einfügen. Zudem steht es uns frei mit Bildern oder Videos zu arbeiten. Sogar kleine Landing Pages können wir hinter einer Anzeige erstellen.

All diese Werkzeuge brauchen wir auch, denn der potentielle Kunde wartet, wie gesagt, nicht auf unser Angebot. Er bekommt es einfach angezeigt.

Aber genau weil er so gut in unsere Zielgruppe passt, funktioniert dieses System trotzdem. Wir verkaufen unseren potentiellen Kunden etwas, nachdem sie nicht in diesem Moment gesucht haben, aber dennoch grundsätzlich daran interessiert sind.

Du siehst, dass es hier kein besser oder schlechter gibt. Natürlich gibt es Märkte und Branchen, bei denen vielleicht Google AdWords oder auch Facebook Werbung besser funktionieren mag, aber grundsätzlich gibt es für mich kein pauschales entweder oder.

Für mich ist es eine Kombination aus beidem. Ich versuche mir aus beiden Plattformen das Beste herauszupicken.

Ein kleiner Bonus-Tipp, den du möglicherweise erst später verstehen wirst:

Du kannst beide Plattformen wunderbar miteinander kombinieren. Du holst dir die Suchenden über deine Google AdWords Anzeigen auf deine Website und zeigst Ihnen anschließend Retargeting Ads (Ads = Werbung) bei Facebook an.

So hast du beide Plattformen miteinander kombiniert und dadurch deine Chancen erhöht, Interessenten in Kunden zu verwandeln.

Facebook Fan Page

Warum eine Fan Page Pflicht ist?

Um bei Facebook Werbeanzeigen erstellen zu können brauchst du schon rein technisch gesehen, eine eigene Facebook Fan Page für dein Unternehmen.

Vermutlich hast du bereits eine eigene Fan Page für dich oder deine Firma erstellt. Auch wenn diese bisher nicht viele Likes vorweisen kann, kannst du trotzdem damit Werbeanzeigen erstellen.

Auch wenn es keine technische Voraussetzung wäre, solltest du eine eigene Fan Page für dein Unternehmen betreiben, denn ein privates Profil würde bei einer Werbeanzeige nicht gerade seriös aussehen.

Wie erstelle ich eine Facebook Fan Page?

Um eine eigene Facebook Fan Page zu erstellen, loggst du dich zuerst mit deinem privaten Profil bei Facebook ein.

Anschließend klickst du rechts oben auf den nach unten zeigenden Pfeil und wählst im Menü „Seite erstellen“ aus.

Nun hast du Auswahlmöglichkeiten zwischen „Lokales Unternehmen oder Ort“, „Unternehmen, Organisation oder Institution“, „Marke oder Produkt“, „Künstler, Band oder öffentliche Person“, „Unterhaltung“ und „Guter Zweck oder Community“.

In den meisten Fällen wird es vermutlich „Unternehmen, Organisation oder Institution“ sein. Wenn du beispielsweise ein Experte für Online Marketing bist, dann kannst du hier auch „Künstler, Band oder öffentliche Person“ auswählen.

Den hier ausgewählten Zweck kannst du später aber auch noch ändern, falls du hier das falsche auswählen solltest oder sich bei dir etwas ändert.

Wenn du dich für einen Zweck entschieden hast, dann klicke auf das große Bild.

Jetzt wirst du nach einer Kategorie und einem Namen für dein Unternehmen gefragt. Facebook möchte die Seiten so gut es geht kategorisieren. Wähle einfach das aus, was am besten zu deiner Seite passt.

Wenn du jetzt auf „Los geht´s“ klickst, dann wird deine neue Facebook Fan Page erstellt.

Diese ist jetzt natürlich leer. Weder Profilbild, noch Titelbild oder Beschreibungen sind vorhanden.

Genau das müssen wir erst einmal erstellen und einpflegen.

Welche Grafiken benötige ich?

Damit die Facebook Fan Page deines Unternehmens schnellstmöglich etwas freundlicher aussieht starten wir mit den Bildern.

Du benötigst zwei Bilder für dein Grundsetup.

Ein Profilbild und ein Titelbild.

Das Profilbild sollte 160 x 160 Pixel groß sein.

Als Profilbild solltest du das Firmenlogo oder ein Bild mit deinem Gesicht wählen. Wenn du ein tolles Bürogebäude hast oder sich deine Firma auf den Verkauf eines Produktes beschränkt, dann kannst du auch das auswählen.

Das Titelbild für deine Fan Page sollte 851 x 315 Pixel groß sein.

Für das Titelbild möchte ich dir gar keine Ratschläge zur Gestaltung geben, da inzwischen alles für gut oder schlecht befunden werden kann.

Mein einziger Tipp an dieser Stelle für dich ist, dass dein Titelbild einen thematischen Bezug zu deinem Unternehmen haben sollte.

Es geht hierbei sehr um die Corporate Identity oder einfacher gesagt den Wiedererkennungswert deiner Marke für den Kunden.

Bonus-Tipp:

Schau mal bei Fiverr (Fiverr.com) vorbei und gib dort „Facebook Design" ein. Dort kannst du dir für nur 5 Euro von internationalen Designern dein Facebook Titelbild erstellen lassen.

Funktioniert super und du brauchst dich damit gar nicht lange aufzuhalten.

Welche Textinhalte benötige ich?

Du solltest eine kurze Beschreibung zu deiner Facebook Fan Page hinzufügen. Die Beschreibung darf maximal 155 Zeichen lang sein und sollte in kurzen Worten den Zweck deines Unternehmens hervorheben.

Es geht dabei nicht um einen langen Roman, sondern nur um 1 – 2 Sätze.

Im Menüpunkt „Info" findest du zudem die Möglichkeit deine Website, deine Telefonnummer und deine E-Mail Adresse einzutragen. Auch dazu würde ich dir raten.

Ob du weitere Punkte, wie Produkte, eine Speisekarte oder Sonstiges hinzufügen möchtest, bleibt dir selbst überlassen.

Was wir auf jeden Fall noch benötigen, ist ein Impressum! Auch bei Facebook bist du dazu verpflichtet, ein Impressum anzulegen.

Inzwischen sind wir glücklicherweise so weit, dass Facebook uns hier einen eigenen Menüpunkt geschaffen hat. Dieser nennt sich „Impressum" und dort kannst du das Impressum deiner Website hineinkopieren.

Zusätzlich kannst du auch im Menüpunkt „Datenschutzrichtlinie" einen Link zu deinen Datenschutzvereinbarungen hinterlegen.

Ich bin kein Anwalt und kann dir natürlich keine Rechtsberatung geben, aber ein Impressum und den Link zu deinen Datenschutzrichtlinien solltest du aus meiner Sicht auf jeden Fall bei Facebook einfügen.

Facebook Business Manager

Warum brauche ich den Business Manager?

Du brauchst den Business Manager nicht zwangsläufig. Der Business Manager ist eine eigene Plattform von und bei Facebook, um seine Werbeanzeigen und seine Fan Pages übersichtlich und schnell verwalten zu können.

Da ich ausschließlich mit dem Business Manager für Werbeanzeigen arbeite, würde ich auch dir dazu raten, da er inzwischen sehr gut entwickelt ist und meiner Meinung nach deinen Arbeitsalltag mit Facebook Werbeanzeigen erleichtert.

Wann kann ich mir den Business Manager sparen?

Wenn du sagst, dass du eigentlich lieber in deiner gewohnten Facebook Oberfläche bleiben möchtest, dann kannst du dir den Business Manager sparen, oder wenn du nur eine Seite und ein Werbekonto hast und zudem die einzige Person bist, die damit arbeitet.

Dann brauchst du den Business Manager nicht unbedingt, auch wenn ich ihn an deiner Stelle trotzdem verwenden würde.

Für wen ist der Business Manager gedacht?

Der Business Manager ist für diejenigen gedacht, die entweder mehrere Fan Pages und Werbekonten verwalten oder mit mehreren Mitarbeitern beziehungsweise Agenturen oder Dienstleistern für Facebook Marketing (Werbeanzeigen oder Social Media Content Marketing) zusammenarbeiten.

Wenn du zum Beispiel von mir deine Werbeanzeigen für dein Unternehmen erstellen und betreuen lassen möchtest, dann kannst du mich in deinen Business Manager als „Werbetreibender" einladen und dann habe ich den nötigen Zugriff auf die benötigten Bereiche. Du brauchst mir keine Zugangsdaten und auch keinen Einblick in dein privates Profil oder deine Nachrichten geben.

Im Business Manager hat man einen sehr guten Überblick über seine ganzen Fan Pages sowie die verschiedenen Werbekonten, in welchen die Werbeanzeigen laufen. Man bekommt dort den vollständigen Einblick in alle Statistiken der Werbeanzeigen und Seiteninteraktionen.

Wie richte ich den Business Manager ein?

Die Einrichtung des Business Managers ist wirklich sehr einfach, da Facebook die einzelnen Schritte mit dir gemeinsam durchgeht.

Anmelden kannst du dich unter:

https://business.facebook.com.

Anschließend verknüpfst du deine Fan Page mit deinem Business Account und legst ein Werbekonto an. Für dieses Werbekonto benötigst du dann noch ein Zahlungsmittel, wie PayPal oder eine Kreditkarte.

Anschließend kannst du weitere Personen, wie dich selbst, deine Mitarbeiter oder einen externen, wie zum Beispiel mich, dort hinzufügen.

Du solltest deine Unternehmenseinstellungen vollständig ausfüllen, damit deine Steuerinformationen usw. alle ordnungsgemäß hinterlegt sind.

Anschließend kannst du, nachdem du dieses Buch fertig gelesen hast, auch schon damit beginnen, deine Werbeanzeigen zu schalten.

Du kannst dort deinen Pixelcode erstellen sowie deinen Produktkatalog hochladen.

Du findest für deine geschäftlichen Aktivitäten bei Facebook in Zukunft alles in deinem Business Manager und kannst somit Privates von Geschäftlichem super trennen.

Facebook Werbeanzeigen

5 Typische Anfängerfehler im Überblick

Bevor ich dir diese ganz genau erkläre, möchte ich dir einige typische Fehler aufzeigen, die Anfänger regelmäßig machen und sich danach wundern, warum sie ihr Geld bei Facebook verbrennen.

1. „Beitrag bewerben“ – Button:

Facebook macht es Anfängern sehr leicht einen Beitrag mit Facebook Werbeanzeigen zu bewerben. Wenn du einen neuen Beitrag für deine Fanpage veröffentlicht hast, findest du sofort unter diesem Beitrag den „Beitrag bewerben“ – Button. Wir, die sich etwas mehr mit Facebook Werbeanzeigen beschäftigen, hassen diesen Button, da er Anfänger verleitet und deren Geld verbrennt.

Warum ist das so?

Ganz einfach! Du hast, wenn du auf diesen Button klickst, nicht die gleichen Möglichkeiten, wie wenn du eine Werbeanzeige über den Werbeanzeigenmanager erstellst. Über den "Beitrag bewerben" - Button kannst du zum Beispiel kein manuelles Gebot für deine Aktionen festlegen. Das wäre noch nicht ganz so schlimm, da dies sowieso meist auf "automatisch" gelassen wird, aber der Knackpunkt ist, dass du deine Zielgruppe lange nicht so gut eingrenzen kannst, wie im Werbeanzeigenmanager und genau damit steht und fällt alles bei Facebook!

Zeigst du deinen Beitrag Menschen, für die er nicht wirklich interessant ist, hättest du das Geld genauso gut zum Fenster hinaus werfen können.

Fazit: Verwende niemals den "Beitrag bewerben" - Button bei Facebook, sondern erstelle immer eigene Werbeanzeigen über den Werbeanzeigenmanager. Dort hast du im letzten Schritt des Erstellens der Anzeige ebenfalls die Möglichkeit, einen bereits vorhandenen Beitrag zu verwenden, so musst du diesen nicht noch einmal erstellen.

Mehr dazu findest du im nächsten Kapital **Page Post oder Dark Post Werbeanzeige**.

2. Das Facebook Pixel wird vergessen

Ohne Zahlen weiß ich nicht, ob die Kampagne gut ist oder nicht!

Zahlen liefert jedoch nur das Facebook Pixel für meine Werbeanzeigen bei Facebook. Das bedeutet, wenn ich das Pixel nicht auf meiner Website einbaue, dann erhalte ich keine Zahlen für meine Werbeanzeige und wenn ich keine Zahlen bekomme, dann kann ich nichts auswerten, was mir letzten Endes nicht die Möglichkeit einräumt, zu erkennen, ob meine Werbeanzeige gut oder schlecht läuft.

Anfänger möchten oftmals schnell und einfach starten. Ein häufiger, aber leider total falscher Glaubenssatz ist:

„Ich starte mal und wenn alles läuft, kann ich das Pixel noch immer einbauen."

Das ist aber totaler Bullshit, denn, wie oben beschrieben, brauchst du Fakten, um zu erkennen, ob deine Anzeige gut oder schlecht läuft.

Mit dem Facebook Pixel weißt du genau, wo und wie oft geklickt oder wie oft gekauft wurde.

Fazit: Eine deiner ersten Tätigkeiten sollte sein, dein Facebook Pixel in deine Website zu integrieren. Ohne Pixel solltest du keine Werbeanzeige schalten, außer du hast keine Website und möchtest nur Reichweite für ein lokales Geschäft erreichen.

Wie du das Pixel einbaust und was genau es damit auf sich hat, erfährst du später im Kapitel **Conversion Pixel.**

3. Die Zielgruppendefinition fehlt

Der mit Sicherheit am häufigsten gemachte Fehler bei Facebook Werbeanzeigen ist das Vergessen oder nicht Beachten der eigentlichen Zielgruppe. Damit meine ich, welchen Personen die Werbeanzeige überhaupt angezeigt werden soll.

Wie ich bereits geschrieben habe, ist Facebook nicht mit Google AdWords zu vergleichen. Wir warten hier nicht auf Menschen, die nach unserem Produkt suchen, sondern wir zeigen es einfach jedem, von dem wir denken, dass es für ihn interessant sein könnte.

Deshalb steht und fällt bei Facebook Werbeanzeigen alles mit der Auswahl deiner Zielgruppe. Ich erzähle dir im Kapitel **Zielgruppendefinition** genau, worauf du achten musst, aber für den Moment möchte ich dir mit auf den Weg geben, dass die Zielgruppendefinition eines der Kernthemen bei Facebook Werbeanzeigen ist.

Das darfst du nicht auf die leichte Schulter nehmen oder einfach übergehen, sonst verbrennst du dein Geld. Du musst deine Zielgruppe immer so gut es geht eingrenzen, denn nur so kannst du auch die Menschen gezielt erreichen, für die dein Produkt oder deine Dienstleistung interessant ist, und somit die Kaufwahrscheinlichkeit enorm steigern.

Fazit: Beschäftige dich ausreichend mit der Definition deiner Zielgruppe, sonst verbrennst du dein Geld.

4. Eine Werbeanzeige reicht

Anfänger kommen gar nicht auf die Idee mehrere Werbeanzeigen für das gleiche Ziel zu erstellen. Jedoch weiß doch keiner von uns, worauf die Zielgruppe am besten reagieren wird.

Genau deshalb erstellt man in der Regel mehrere Werbeanzeigen für ein Kampagnenziel. Diese testet man dann einige Tage gegeneinander und weiß somit am Ende, welche der Anzeigen am besten funktioniert.

Die schlechteren schaltet man ab und für die beste erhöht man im Idealfall das Budget.

Fazit: Erstelle immer mehrere Werbeanzeigen für ein Kampagnenziel, denn nur so kannst du herausfinden, welche Anzeige bei deiner Zielgruppe am besten ankommt.

5. Zu viel Budget am Start

Es macht am Anfang keinen Sinn gleich mit 50 oder 100 Euro pro Tag zu starten.

Wichtiger ist es zu testen, was funktioniert und was nicht.

Deshalb starte ich jede Werbeanzeigengruppe mit 5 Euro und schaue dann nach circa einer Woche, welche Anzeige eine gute Performance hat und welche nicht.

Die schlechten werden abgeschaltet und die guten werden mit etwas mehr Budget betrieben.

Auch hier solltest du langsam hochfahren, denn wenn deine Anzeige mit 5 Euro gut funktioniert, heißt das nicht automatisch, dass sie mit 50 Euro am Tag noch immer so gut läuft.

Je weniger Geld du investierst, desto mehr muss sich Facebook anstrengen, um dir gute Ergebnisse zu liefern, aber natürlich ist damit auch deine Reichweite stark begrenzt.

Fazit: Starte Anzeigen immer mit 5 oder 10 Euro pro Tag und analysiere diese dann nach ein paar Tagen. Die guten lässt du weiterlaufen beziehungsweise erhöhst das Budget um 50% und die schlechten schaltest du ab.

Page Post oder Dark Post Werbeanzeige?

Bevor wir dazu kommen, wie du Werbeanzeigen bei Facebook schalten kannst, möchte ich dir einiges an Grundwissen mit auf den Weg geben. Denn bei Facebook ist es meiner Meinung nach ganz klar so, dass du für fehlendes Wissen bezahlen wirst.

Je weniger Wissen du hast, desto mehr Lehrgeld wirst du bezahlen.

Wenn du auf deiner Facebook Fan Page einen Post erstellst, dann hast du dort die Möglichkeit, auf „Beitrag bewerben“ zu klicken und hier mit wenigen Klicks eine Werbeanzeige zu schalten.

Das würde ich dir allerdings, wie bereits ausgeführt, nicht empfehlen, da du hier eingeschränkte Optionsmöglichkeiten hast und deshalb auch hier die Chance hoch ist, dass du unnötig Geld verbrennst.

Du hast nämlich im Werbeanzeigenmanager die Möglichkeit, diesen Post zu bewerben, wie das funktioniert, erzähle ich dir später.

Wenn du diesen Post bewerben möchtest, dann ist dieser Post ganz normal für jeden, der deine Fan Page besucht, sichtbar.

Hierbei sprechen wir von einem „Page Post“.

Sehen wir uns nun die Beitragsart des „Dark Post“ genauer an.

Ein Dark Post ist ein Post, der nur von einer ausgewählten Zielgruppe zu sehen ist. Dark Posts kannst du über den Werbeanzeigenmanager erstellen und diesen dann bewerben.

Anders als beim Page Post wird ein Dark Post nicht auf deine Facebook Fan Page veröffentlicht.

Dark Posts werden nur an die Zielgruppen ausgespielt, die von dir beim Erstellen deiner Werbeanzeige ausgewählt wurden.

Der Page Post und Dark Post ist im Übrigen deine Werbeanzeige. Text, Bild, usw. bilden deine Werbeanzeige bei Facebook.

Beide Post-Arten haben ihre Berechtigung. Manchmal möchte man, dass der Post auch nach Beendigung einer Werbeanzeige, wenn diese vielleicht nicht mehr profitabel ist, noch auf der Fan Page zu sehen ist.

Dark Posts spielt man beispielsweise bei Angeboten für eine bestimmte Zielgruppe aus. Als Beispiel könnte man hier Warenkorbabbrecher nehmen.

Die Zielgruppendefinition dafür würde lauten: „Menschen, die ein Produkt in den Warenkorb gelegt, aber den Kaufprozess nicht abgeschlossen haben“.

Wenn ich ein Angebot speziell für diese Menschen erstelle, dann möchte ich nicht, dass das Angebot jeder auf meiner Fan Page lesen kann.

Ein weiteres Beispiel für die Erstellung von Dark Posts sind Split-Tests.

Wenn ich eine Werbekampagne erstelle, erstelle ich in der Regel mehrere Bilder und teste, welches Bild am besten bei der Zielgruppe ankommt. Das sieht man anhand der Interaktionen mit der Werbeanzeige, wie Likes oder Kommentare.

Nach einigen Tagen kristallisiert sich ein Sieger (das Bild mit den meisten Interaktionen) heraus. Wenn ich weiß, welches Bild am besten läuft, schalte ich alle anderen ab.

Das könnte man mit Page Posts nicht machen, denn du möchtest ja nicht deine Fans mit fünf gleichen Angeboten, aber unterschiedlichen Bildern gleichzeitig nerven.

Du siehst, dass es sinnvoll ist, die jeweilige Beitragsart für das jeweils passende Ziel auszuwählen und gezielt zu schalten.

Page Posts: Bei Beiträgen, die auch vor und nach der Anzeigenschaltung für alle sichtbar sein sollen.

Dark Posts: Bei Beiträgen, die nur einer speziellen Zielgruppe angezeigt werden sollen.

Du hast jedoch auch die Möglichkeit, Dark Posts zu einem späteren Zeitpunkt deiner Wahl in Page Posts umzuwandeln und diese auf deiner Seite zu posten.

Die Ziele deiner Werbeanzeige

Der erste Schritt, um bei Facebook eine Werbekampagne zu erstellen ist, dass du ein Kampagnenziel auswählst.

In diesem Schritt teilst du Facebook mit, was eigentlich dein Ziel der Werbekampagne ist.

Um diesen Schritt nachvollziehen zu können, musst du wissen, dass Facebook einen Algorithmus für die Ausspielung der auf Facebook geschalteten Werbung entwickelt hat.

Facebook weiß genau, welche Menschen zum Beispiel sehr gerne auf Anzeigen klicken, welche sehr kauffreudig sind oder welche gerne Fan Pages liken.

Auf Grund dieser Informationen optimiert Facebook die Ausspielung deiner Werbekampagne, da deine Werbung, mit der du Verkäufe erzielen möchtest, dann hauptsächlich den

Menschen angezeigt wird, von denen Facebook denkt, dass diese am ehesten ein Kaufinteresse haben könnten.

Der Algorithmus arbeitet noch besser, wenn speziell auf deine Werbeanzeige Verkäufe generiert werden.

Zu Beginn orientiert sich Facebook bei der Ausspielung deiner Werbeanzeigen vermutlich an vermeintlich vergleichbaren Anzeigen, die bislang geschaltet wurden.

Wenn dann aber tatsächlich über deine Werbeanzeige Verkäufe generiert werden, kann Facebook sich selbst noch besser optimieren und dir noch zielgerichteter potentielle Kunden bringen.

Ich vermute, dass du mindestens 50 eigene Verkäufe brauchst, dass Facebook in der Lage ist, sich selbst zu optimieren und deine Werbeanzeige noch zielgerichteter auszuspielen.

Deshalb kann es sich lohnen eine Werbeanzeige, die Verkäufe erzielt, jedoch vielleicht etwas über dem geplanten Return on Invest liegt, etwas länger laufen zu lassen, denn die Möglichkeit besteht, dass die Kosten pro Verkauf mit steigender Anzahl an Verkäufen sinken werden.

Facebook optimiert permanent seine eigene Website, dennoch gehe ich das Risiko jetzt ein, dir alle Punkte hier aufzulisten. Möglicherweise gibt es in dem Moment, in dem du dieses Buch in den Händen hältst, schon mehr oder auch weniger Kampagnenziele, aber Facebook befindet sich eben in einem dauernden Optimierungsprozess, bei dem sich vieles permanent ändert.

Derzeit kannst du bei Facebook pro Werbekampagne eines von zehn Kampagnenzielen aus drei Kategorien auswählen.

- Bekanntheit
    - Markenbekanntheit
    - Reichweite
- Erwägung
    - Traffic
    - Interaktionen
    - App-Installationen
    - Videoaufrufe
    - Leadgenerierung
- Conversion
    - Conversions
    - Produktkatalogverkäufe
    - Besuche im Geschäft

Bei der Auswahl der Kampagnenziele verändert sich nicht nur das Ziel an sich, sondern verschiedene Kampagnenziele haben auch verschiedene Werbeanzeigen beziehungsweise unterschiedliche Buttons und Einstellmöglichkeiten zur Folge.

Bei einer Leadgenerierungsanzeige kann der Nutzer bei Facebook gleich seine Daten an dich weitergeben.

Über Zusatzdienste, wie Zapier oder Leadsbridge, kannst du deine Leads automatisch in deine E-Mail Marketing Software integrieren.

Wenn du beispielsweise eine Kampagne mit dem Ziel Produktverkäufe schaltest, dann werden deine Verkäufe über ein anderes Pixel-Ereignis als beispielsweise bei einer Klick Kampagne getrackt.

Diese Unterscheidung ist wichtig, damit du später für die Analyse auch korrekte Daten hast.

Deshalb solltest du dir genau überlegen, welches Ziel du mit deiner Werbekampagne verfolgst.

Inzwischen ist Facebook sogar so weit, dass du eine Conversionkampagne schalten kannst und Facebook zuerst auf Klicks optimiert und anschließend, bei ausreichend Verkäufen, die gleiche Kampagne, ohne dein Zutun, auf Conversions (= Verkäufe) optimiert.

Mit der Optimierung der Kampagne ist hier nicht die Werbeanzeige, sondern rein die Auslieferung der Werbeanzeige an die jeweilige Zielgruppe gemeint.

Unterscheidung: Werbekampagne, Anzeigengruppe und Werbeanzeige

In diesem Kapitel möchte ich dir etwas so anschaulich wie möglich erklären, was ich, damals als Anfänger, selbst lange nicht verstanden habe. Das Prinzip, wie Werbeanzeigen bei Facebook aufgebaut sind.

Ich habe bereits einige Zeit Werbeanzeigen erstellt und da waren sogar damals auch schon einige sehr erfolgreiche dabei. Dennoch verstand ich nicht wirklich, wie das Prinzip der Werbekampagnen bei Facebook aufgebaut ist und wofür die einzelnen Unterteilungen da sind.

Zu deinem Vorteil habe ich es dann irgendwann doch noch verstanden und deshalb kann ich dir dieses Wissen heute weitergeben. Somit musst du nicht, wie ich damals, viel Geld in Facebook Werbung investieren, um dir dieses Wissen anzueignen.

Wenn du dich in deinen Business Manager eingeloggt und auf deinen Werbeanzeigenmanager geklickt hast, dann siehst du deine Werbekampagnen im Überblick.

Du siehst nun, abgesehen von deiner Kontoübersicht, drei Reiter.

- Kampagnen
- Anzeigengruppen
- Werbeanzeigen

Alle drei hängen miteinander zusammen, sind jedoch für unterschiedliche Teile zuständig.

Am Ende läuft alles auf die Werbeanzeige hinaus, aber bevor ich gleich mit der Erklärung des Ganzen anfange, möchte ich, dass du dir diese russischen Holzpüppchen vorstellst, die ineinander versteckt sind. Jede Holzpuppe kannst du öffnen und es kommt eine kleinere zum Vorschein. Ähnlich verhält es sich bei Facebook Werbekampagnen, Anzeigengruppen und Werbeanzeigen.

Diese Puppen nennen sich übrigens „Matrjoschka".

Wenn wir unsere Werbung bei Facebook erstellen, dann durchlaufen wir alle drei Bereiche.

Zu Beginn konfigurieren wir unsere Werbekampagne. Das ist das erste Fenster, wenn wir unsere Werbung erstellen.

Hier wählen wir das Kampagnenziel (Traffic, Conversion, usw.) aus und geben unserer Werbekampagne einen Namen.

TIPP: Achte bei der Namensgebung darauf, dass du deine Kampagne kurz, aber detailliert beschreibst, so, dass du bei

50 Kampagnen trotzdem sofort erkennst, worum es geht, ohne suchen zu müssen.

Beispiel Benennung Kampagne:

Conversions – Facebook Kurs – Warenkorbabbrecher

Später siehst du in deinem Werbeanzeigenmanager bei Kampagnen in der Übersicht die Daten deiner Kampagne. Aber Achtung, darin sind alle Daten enthalten! Du wirst aber normalerweise, wenn du es gut machst, mehrere Anzeigengruppen und noch mehr Werbeanzeigen erstellen und deshalb aus diesen Daten kein detailliertes Wissen für eine Analyse erhalten.

Es bringt dir nämlich für deine Analyse und Optimierung nichts, wenn du weißt, dass deine Werbekampagne 50 Verkäufe erzielt hat. Du musst wissen, über welche Werbeanzeige und welche Anzeigengruppe das geschehen ist.

Und hier kommen wir zum nächsten Reiter, den Anzeigengruppen.

Im zweiten Fenster, wenn du eine neue Werbeanzeige erstellst, gelangst du zu den Angaben, die später im Bereich der Anzeigengruppen angezeigt werden.

Du stellst hier deine Zielgruppe ein sowie wo, wann und wie deine Werbeanzeige später ausgespielt wird.

Hier definierst du deine Zielgruppe. Wie alt sollen die Personen sein, die deine Werbeanzeige sehen, wo sollen sie wohnen oder sich gerade befinden, welche Interessen sollen sie haben und noch vieles mehr.

Zudem wählst du hier das Werbebudget für deine Werbeanzeige aus sowie wo und wann diese angezeigt werden soll.

Du kannst wählen, ob deine Anzeige nur Android Nutzer, nur am Desktop oder nur bei Instagram usw. angezeigt werden soll.

Hierbei ist jetzt wichtig zu verstehen, dass du beim Testen verschiedener Zielgruppen letzten Endes verschiedene Anzeigengruppen erstellst, die sich aber alle in der gleichen Werbekampagne befinden.

Also eine Werbekampagne kann mehrere Anzeigengruppen enthalten. Zudem ist es an dieser Stelle wichtig zu wissen, dass du auch für jede Anzeigengruppe ein eigenes Budget festlegen kannst. Nicht für jede Werbekampagne und auch nicht für jede Werbeanzeige, sondern für jede Anzeigengruppe.

Haben wir unsere Zielgruppe usw. definiert, dann gehen wir zum nächsten Schritt bei der Erstellung unserer Werbeanzeige und somit auch zum dritten Reiter in der späteren Übersicht, der Werbeanzeige.

Die Werbeanzeige ist das, was die Nutzer später sehen, also unser Beitrag. Wir definieren hier zum einen, über welche Facebook Fan Page unsere Werbeanzeige ausgespielt werden soll und zum anderen, wie diese aussehen soll.

Du kannst hier auswählen, ob die Werbeanzeige ein einzelnes Bild, Video, Canvas, Karousell und viele mehr, sein soll und welchen Text die Werbeanzeige haben soll.

Zudem hast du hier die Möglichkeit, einen Parameter an deiner URL anzuhängen, damit du deine Besucher oder Kunden noch besser, zum Beispiel über Google Analytics, tracken kannst.

Auch hier ist für das Verständnis wichtig, dass du mehrere Werbeanzeigen in einer Anzeigengruppe erstellen kannst.

Das macht man zum Beispiel um zu testen, welches Bild bei einer Zielgruppe am besten funktioniert.

Ich erstelle dafür meistens fünf Bilder und schaue eine Woche lang, auf welches der Bilder die Zielgruppe am meisten Reaktion zeigt. Dieses Bild lasse ich dann laufen und die anderen schalte ich ab.

Jetzt solltest du einen guten Überblick haben, damit wir in den nächsten Kapiteln darauf aufbauen können.

Bist du dir noch nicht sicher oder hast du es noch nicht ganz verstanden, dann nehme dir noch einmal zehn Minuten Zeit und lies dieses Kapitel erneut durch.

Mache dir gegebenenfalls auch Notizen.

Es ist mir sehr wichtig, dass du das Prinzip verstanden hast, denn du solltest dein Geld nicht irgendwo hineinstecken, obwohl dir lauter Fragezeichen im Kopf herumschwirren.

Grundsätzliches Marketingwissen für Werbeanzeigen

Bevor ich dir Schritt für Schritt erklären werde, wie du eine Werbeanzeige bei Facebook erstellst, muss ich dir einfach noch etwas Grundwissen über Marketing und Verkauf beibringen.

Natürlich mag dieses Kapitel vielleicht für den ein oder anderen langweilig oder nichts neues sein, aber bestimmt gibt es auch viele Menschen, die sich dieses Buch gekauft haben und keine Verkaufsprofis sind.

Mein Ziel ist jedoch, dass du es mit Hilfe von diesem Buch und meinem Wissen schaffst, Werbung über Facebook zu schalten, die dir oder deinem Unternehmen mehr Umsatz und natürlich auch mehr Gewinn beschert.

Deshalb muss ich dir einfach gewisse Grundlagen beibringen, denn ohne dieses Wissen über Verkauf kannst du dir die Erstellung deiner Werbeanzeigen und dein Werbebudget sparen.

Ich erkläre dir jetzt im Folgenden, welche Verkaufsmethoden du in deiner Werbeanzeige bei deinem Text, der Headline und auch bei deinen Bildern oder Videos einsetzen kannst, um den Nutzer dazu zu bringen, auf deinen

Link zu klicken, dir seine E-Mail Adresse zu geben oder sogar ein Produkt von dir zu kaufen.

Vergiss bitte nicht, dass der Nutzer bei Facebook nicht nach unserem Produkt sucht. Vielmehr zeigen wir ihm einfach etwas, was für ihn passen könnte und müssen ihm somit etwas verkaufen, auf das er in diesem Moment vielleicht gar nicht gefasst ist.

Schwierige Kiste, aber dennoch möglich! ;-)

Neugierde

Da der Besucher von Facebook mit Sicherheit nicht auf unsere Werbeanzeige gewartet hat, müssen wir es schaffen, seine Aufmerksamkeit zu erregen. Diese würden wir vielleicht auch kurzzeitig bekommen, wenn wir einfach ein komplett gelbes Bild verwenden würden, aber er würde nur denken, „oh, ein gelbes Bild" und würde weiterscrollen.

Also müssen wir etwas kreativer sein. Wir müssen uns überlegen, welches Bild würde unserem Kunden ins Auge stechen und zudem neugierig machen.

Wir brauchen einen TIMELINE-BREAK mit unserer Werbeanzeige. Der Nutzer muss bei unserer Werbeanzeige seinen Scroll-Wahn unterbrechen und stehen bleiben.

Das schaffen wir nur, wenn wir seine Aufmerksamkeit erregen und seine Neugierde wecken.

Versuche dich bei der Erstellung deines Bildes in deinen Kunden hineinzuversetzen! Was würde er gerne sehen? Was könnte ihn wirklich interessieren?

Ganz ehrlich, die meisten meiner Kunden haben bislang Werbeanzeigen bei Facebook geschaltet und ein Produktbild für Ihre Anzeige verwendet.

Würde eine Flasche Autopolitur bei dir Aufregung und Neugierde auslösen? Das interessiert doch keine Sau!

Was aber viel cooler ist, ist ein Video, welches ein total verdrecktes und verkratztes Auto zeigt und nach dem Polieren mit deiner Autopolitur sieht das Auto wieder wie neu aus.

Erkennst du den Unterschied?

Langweilige Bilder und Werbeanzeigen machen all diejenigen, die keine Ahnung haben. Davon gibt es genug, da musst du nicht auch noch mitmachen.

Sei kreativ und teste verschiedene Bilder für deine Zielgruppe.

Ich garantiere dir, wenn du fünf Bilder erstellst, die unterschiedlich aber etwas ähnlich sind, wirst du dennoch ein Bild haben, das sich viel besser entwickelt als die anderen.

Ich habe jetzt die ganze Zeit von Bildern und Videos gesprochen, aber wir haben natürlich noch weitere Möglichkeiten, die Nutzer von Facebook aus unserer Zielgruppe neugierig zu machen.

Wir fangen oben mit dem Beschreibungstext an.

Beschreibungstext

Fange hier nicht an, irgendwelche Romane zu schreiben, sondern agiere mit Stichpunkten oder sehr kurzen Sätzen.

Schreibe in die erste Zeile etwas, dass die Aufmerksamkeit der Nutzer weckt. In die weiteren Zeilen fügst du verschiedene Vorteile deines Produktes ein.

Welche Vorteile habe ich, wenn ich dieses Produkt kaufe?

Nutze Smileys! Durch Emoticons wirkt dein Beitrag wesentlich freundlicher und erregt zudem mehr Aufmerksamkeit.

Achtung! Achte bei der Erstellung deines Beschreibungstextes immer darauf, wie dieser mobile zu sehen ist. Eine Vorschau siehst du bei der Erstellung deiner Werbeanzeige.

Der meiste Traffic, den du über Facebook erhalten wirst, ist mobil. Deshalb ist es sehr wichtig, dass deine Werbeanzeige auf mobilen Geräten, wie Smartphones oder Tablets, schön aussieht und gut lesbar ist.

Achtest du nicht darauf, dann sieht deine Anzeige zwar auf dem Computer gut aus, auf mobilen Geräten jedoch wirst du unschöne Zeilenumbrüche in der Beschreibung haben.

Headline

Unter deinem Bild oder Video hast du die Möglichkeit eine Headline zu platzieren. Diese Headline ist ein elementarer Bestandteil einer jeden guten Werbeanzeige. In dieser Headline musst du in wenigen, aber prägnanten Worten die Neugierde des Nutzers wecken.

Beispiel:

"Wie ich aus 49,76€ über 2.168€ Umsatz mit Facebook gemacht habe!"

Oder

"So habe ich 20 kg Fett in weniger als 10 Wochen verloren!"

Du darfst in deine Werbeanzeigen und natürlich auch in deine Headline keine Unwahrheiten einbringen, aber du musst alles dafür tun, um die Neugierde des Nutzers zu erhalten. Nur wenn er klickt, hast du anschließend die Möglichkeit, ihn von deinem Produkt zu überzeugen.

Es bringt dir aber auch nichts, wenn du deine Headline mit etwas fütterst, das du auf deiner Landing Page oder deinem Onlineshop nicht halten kannst.

Dann hast du zwar eine tolle CTR (Click Through Rate), aber am Schluss dennoch keine Verkäufe.

Wähle einfach eine Headline, die das Interesse deiner Zielgruppe weckt und thematisch gut zu deinem Produkt passt.

Noch ein paar Tipps zur Gestaltung deiner Headline.

- wähle deine Überschrift möglichst kurz
- verwende Zahlen
- verwende Begriffe wie „neu“, „nur“, „kostenlos“, „gratis“, „sofort“, „speziell“, „garantiert“, „exklusiv“, „schnell“, „limitiert“, „sichern“

Dringlichkeit

Du musst unbedingt jetzt gleich kaufen!!!

Dringlichkeit ist ein elementarer Bestandteil einer jeden Werbeanzeige. Wenn du Angebote nicht knapp hältst, dann hat dein Kunde keinen Grund jetzt sofort zu kaufen. Er muss Angst haben, dass dieses Angebot in Kürze für ihn nicht mehr verfügbar sein wird und er deshalb einen großen Fehler begeht, wenn er nicht jetzt sofort zuschlägt.

Warum?

Ganz einfach. Wenn du deinem Interessenten keinen Anreiz gibst, jetzt sofort zu kaufen, dann wird er es auch nicht tun. Er wird sich denken, „Ach, das mache ich heute Abend oder die Tage“ und dann ist dein potentieller Kunde weg. Denn heute Abend hat er schon wieder ganze andere Dinge im Kopf und morgen hat er dein Angebot sowieso schon komplett vergessen.

Du kannst zwar per Telefon nachfassen oder online Retargeting Anzeigen schalten, aber letzten Endes wird es sehr schwer werden den Interessenten noch zu einem zahlenden Kunden zu machen, da er dein Angebot nicht mehr im Fokus hat.

Wenn er dein Angebot zum ersten Mal sieht, dann ist es etwas Neues für ihn und dann beschäftigt er sich damit. Jetzt heißt es für dich, dass du alles geben musst, um den Sack zu zu machen.

Sämtliche Vorteile für den Kunden müssen auf den Tisch gelegt und alle Zweifel des Kunden müssen bei Seite geräumt werden.

Und jetzt kommt der wichtige Punkt.

Du musst das Angebot verknappen! Die Message muss ganz klar lauten:

„Kunde, kauf jetzt sofort oder du verpasst das Angebot deines Lebens“

„Nur noch heute“, „Es sind nur noch 3 Plätze verfügbar“, „Achtung, dieses Angebot gilt nur für kurze Zeit!“

Sätze wie diese oder ähnliche solltest du gebrauchen, um auf die Knappheit deines Angebot hinzuweisen.

Achtung! Nur ehrliche Verknappungen sind seriös!

Wenn du ein E-Book verkaufst, welches man automatisch 5 Mal oder 5.000.000 Mal verkaufen und herunterladen kann, dann solltest du nicht schreiben "nur noch 5 Stück verfügbar".

Das wäre unehrlich und das macht man nicht!

Starte stattdessen eine Aktion und mache in der Werbeanzeige klar, dass es dein E-Book für 9,99 Euro statt 29,99 Euro nur noch diese Woche so günstig gibt.

Aber auch hier ist es wichtig, dass sich der Preis dann in der nächsten Woche erhöht, sonst war deine Verknappung auch nicht ehrlich.

Mit der Dringlichkeit im Angebot möchten wir den Interessenten zum Handeln bewegen. Wenn er weg klickt ist das okay, dann versuchen wir es über eine Retargeting Anzeige noch einmal, aber einen gewissen Prozentsatz werden wir dadurch zum sofortigen Handeln und somit zum Kauf bewegen und genau das ist unser Ziel.

Vorteile statt Merkmale

Eines der wichtigsten Kapitel im Verkauf!

Wir kaufen einen Vorteil, kein Merkmal!

Was ist damit gemeint?

Wir kaufen ein Produkt nicht wegen seines Zweckes an sich, sondern wir kaufen ein Produkt, weil es uns ein Ergebnis bringt, welches wir gerne haben möchten.

Machen wir ein paar Beispiele.

Möchtest du als Frau Locken haben oder kaufst du dir einen Lockenstab, weil es so viel Spaß macht, sich die Haare einzudrehen?

Kaufst du dir ein Ticket zu einem Seminar, weil du gerne dein Wochenende in einer Halle mit vielen anderen Menschen verbringst oder weil du mit dem gelernten Wissen in der Lage bist mehr Umsatz zu erzielen?

Kaufst du dir eine neue Videokamera, weil du ein Gerät mit 20 Megapixeln und HD möchtest oder weil du geile Videos erstellen willst?

Wie kaufen keine Merkmale, sondern das Ergebnis.

Eine wahre Geschichte zu dem Thema:

Ich war auf der Suche nach einem Terminalserver, damit ich und meine Mitarbeiter, egal, wo wir uns auf der Welt befinden, auf unsere Programme zugreifen können und nicht geografisch gebunden sind.

Dann habe ich mit einem Mitarbeiter einer Serverfirma telefoniert und er hat mir erzählt, dass das Paket 1 den CPU und X Arbeitsspeicher und X Festplattenkapazität und Paket 2 dies und Paket 3 das hätte, aber wiederum noch das und so viel Arbeitsspeicher und bla bla.

Ich bin freundlich und habe ihn ausreden lassen, aber als er fertig war habe ich zu ihm gesagt: „Das ist ja alles toll, was Sie mir da erzählen, aber ich bin Unternehmer kein

Servertechniker. Ich will XYZ damit machen und das sollte alles in schneller Geschwindigkeit laufen. Meine Daten sollen sicher sein und meine Mitarbeiter Zugriff haben. Ob der Server dafür jetzt 3 Ram mehr oder weniger hat oder braucht ist mir egal, bitte empfehlen Sie mir das Paket, welches ich für meine Anforderungen brauche.“

Eine Minute später hatten wir eine Lösung.

Wir kaufen keine Merkmale! Mir ist es egal, was in diesem Kasten in irgendeinem Rechenzentrum verbaut ist. Ich will das Ergebnis und den daraus resultierenden Vorteil!

Auch wenn du dir das vielleicht im Moment nicht vorstellen kannst, aber so verhält es sich mit jedem Produkt.

Du willst nicht essen! Du möchtest satt sein! Der volle Bauch ist das, was du möchtest.

Du willst keine Fische im Wasser. Du möchtest die Zeit, in der du mit deiner Tochter davor sitzt und mit ihr zusammen die Fische beobachtest.

Du willst auch kein Geld auf dem Konto! Du willst die Freiheit, die dir das Geld gibt!

Picke dir jetzt einmal zwei oder drei Produkte aus deinem Sortiment heraus und überlege dir, was der Kunde eigentlich möchte, wenn er dieses Produkt kauft.

Auch wenn du im ersten Moment meinst, dass du das nicht kannst oder keinen Vorteil findest, wenn du es einmal verstanden hast, dann fallen dir zu jedem Produkt Vorteile ein.

Erst, wenn du das verstanden hast, lohnt es sich bei Facebook Werbeanzeigen zu schalten, denn erst dann wirst du Menschen dazu bringen können, bei dir zu kaufen.

Falls du davon bislang tatsächlich nichts gehört hast, wird dieses Kapitel vermutlich dein Geschäft und deine Vorgehensweise beim Verkauf revolutionieren und dir einen Umsatzregen bescheren. Denn wenn du weißt, wie du mit Vorteilen anstatt mit Merkmalen verkaufen kannst, dann haben sich deine Chancen auf einen Verkauf bei jedem potentiellen Interessenten schlagartig verbessert.

Also überlege dir immer, was der Kunde wirklich mit diesem Produkt will!

Braucht er eine Fernbedienung oder möchte er die drei Meter von der Couch zum Fernseher überbrücken, damit er nicht aufstehen muss?

Die Macht der Zahlen

Du solltest in deinen Werbeanzeigen nach Möglichkeit mit Zahlen arbeiten. Zahlen erregen in der Regel eine hohe Aufmerksamkeit und lassen den Facebook-Nutzer somit beim durchscrollen stoppen, um genauer zu lesen.

Hier sind wir natürlich auch wieder im Aspekt der Neugierde und mit Zahlen können wir den Interessenten neugierig machen, da Zahlen immer eine gewisse Verbindlichkeit mit sich bringen.

Wenn ich dir sage, dass wir bereits 12.384 Stück von einem Produkt verkauft haben, dann assoziierst du automatisch damit, dass es ein gutes Produkt sein muss, wenn es sich so oft verkauft.

Vielleicht ist nur mein Marketing sehr gut und das Produkt sehr schlecht, weswegen ich auch 10.000 davon als Retoure wieder zurückbekommen habe. Weißt du das? Nein, weil du mit einer großen Zahl etwas für dich Positives in Verbindung bringst beziehungsweise bringen möchtest.

Zahlen bringen uns also nicht nur die Aufmerksamkeit des neugierigen Interessenten, sondern sie helfen uns auch dabei, das Produkt leichter zu verkaufen, da der Interessent sich etwas für ihn Positives zusammen reimt.

Nutze möglichst große Zahlen! Aber was machst du, wenn du keine großen Zahlen vorzuweisen hast?

Zahlen einzusetzen ist schön und gut, aber wenn du in deiner Anzeige schreibst, dass du ein Produkt bisher 3 Mal verkauft hast, dann ist das zwar eine Zahl, aber überzeugen wird sie niemanden.

Deshalb solltest du immer möglichst große Zahlen finden. Zum Beispiel könntest du deinen Shop positiv darstellen indem du schreibst „Wir hatten bislang über 10.000 Kunden weltweit".

Eine andere Möglichkeit wäre, dass du die Anzahl deiner positiven Bewertungen nennst wie „mehr als 18.273 zufriedene Kunden".

Manchmal musst du hierbei etwas kreativ sein, aber es findet sich fast immer eine Kennzahl, die du für deine Werbeanzeigen verwenden kannst.

Wichtig ist mir an der Stelle nur eines: Lüge nicht! Erfinde keine Zahlen die es nicht in Verbindung mit deinem Unternehmen gibt.

Du bist der Experte!

Hältst du dich für einen Experten oder sehen dich die anderen Menschen auch als Experten?

Das ist ein großer Unterschied, aber vor allem entscheidet es darüber, ob die Menschen bei dir kaufen oder nicht.

Falls du jetzt übrigens denkst, dass du einen Onlineshop betreibst und deswegen doch keinen Expertenstatus brauchst, werde ich dich in diesem Abschnitt hoffentlich eines Besseren belehren können.

Wir kaufen von Experten! Aber wie definiert sich eigentlich ein Experte? Tatsächlich gibt es hier sehr viel Spielraum für eigene Interpretationen, welchen sich viele „Experten" auch zu Nutze machen.

Wikipedia beschreibt einen Experten als "eine Person, die über überdurchschnittlich umfangreiches Wissen auf einem Fachgebiet oder mehreren bestimmten Sacherschließungen oder über spezielle Fähigkeiten verfügt"[1].

Tja, wie zuvor schon erwähnt… Sehr viel Interpretationsspielraum. ☺

---

[1] https://de.wikipedia.org/wiki/Experte

Gerade im Bereich Online Marketing beziehungsweise noch spezifischer im „Expertenbusiness“ geht immer häufiger die Meinung um, dass du dich als Experte bezeichnen kannst, sobald du mehr wissen als die Menschen hast, die gerade erst anfangen, sich mit dem Bereich zu beschäftigen.

Ganz ehrlich, meine Meinung sieht anders aus!

Für mich ist ein Experte jemand, der zum einen überdurchschnittliches Wissen in seinem Bereich vorweisen kann. Zum anderen sollte ein Experte meiner Meinung nach jedoch auch einen gewissen Grad an Erfahrung in seinem Bereich mitbringen.

Das ist für mich ein wichtiger Aspekt, denn Erfahrung kannst du nicht kaufen, auch wenn Erfahrungen oftmals mit viel Lehrgeld bezahlt wurden.

Somit hätten wir den Experten-Status geklärt, aber was hat das nun mit deiner Werbeanzeige bei Facebook zu tun?

Wie ich eingangs erwähnt habe, kaufen Menschen gerne von Experten. Ein Experte hat Ahnung und Erfahrung. Er weiß wovon er redet und hat das Vermittelte selbst schon sehr oft umgesetzt. Was für andere funktioniert, funktioniert bestimmt auch bei mir – so die Gedanken der Kunden.

Hättest du dir dieses Buch gekauft, wenn ich mit meinem gesamten Auftreten im Internet den Eindruck vermitteln würde, dass ich keine Ahnung von Facebook Werbeanzeigen habe?

Würdest du in einem Onlineshop ein Produkt kaufen, wenn du dir unsicher bist, ob die überhaupt wissen, was sie da verkaufen?

Wir alle möchten unsere Produkte und Dienstleistung von Unternehmen kaufen, bei denen wir uns gut aufgehoben fühlen.

Das ist übrigens auch wichtig in Sachen Preisgestaltung. Kunden sind gerne bereit mehr zu bezahlen, wenn sie ein besseres Gefühl haben.

Wichtig für dich ist, dass du dein Unternehmen als Ansprechpartner Nummer eins am Markt positionierst. Du beziehungsweise jeder in deiner Firma weiß, wie der Hase läuft. Ihr seid die absoluten Experten zum Thema XYZ.

Genau diesen Gedanken musst du in deinem Auftreten wiederspiegeln. Beim Kunden, bei jeder E-Mail, bei deinem Internetauftritt und auch bei deinen Werbeanzeigen.

Ist deine Werbeanzeige hochprofessionell, aber dein Onlineshop oder deine Website unübersichtlich, bringt dir das gar nichts. Umgekehrt verhält es sich übrigens genauso.

Bringe in deine Werbeanzeige gerne Zahlen ein, die deinen Expertenstatus festigen. Man nennt das in Fachkreisen auch "Social Proof".

Dies kannst du zum Beispiel durch Kundenbewertungen herausstellen.

Überzeuge andere Menschen, die dich oder dein Unternehmen noch nie gesehen und noch nie etwas von dir gehört haben, dass es für sie interessant sein könnte, sich dein Angebot einmal näher anzusehen.

Die einfachsten Tipps, die ich dir hier mit auf den Weg geben kann, sind:

- verwende professionelle Bilder
- achte auf Grammatik- und Rechtschreibfehler
- gib Interessenten das Gefühl, dass du die beste Wahl bist

Verkauft wird durch Lust oder Schmerz

Es gibt nur zwei Möglichkeiten, wie du ein Produkt oder eine Dienstleistung verkaufen kannst. Die beiden heißen „Lust“ und „Schmerz“.

Definieren wir zuerst, was Lust und Schmerz überhaupt bedeutet.

Verkauf über Lust

Ein Verkauf über Lust ist etwas Schönes. Du verkaufst Eis, indem du ein Bild zeigst, wie eine glückliche Frau auf einer Wiese sitzt und ein Eis isst. Du denkst, „oh ja, das hätte ich jetzt auch gerne.“

Das ist Lust.

Verkauf über Schmerz

Du sieht im Fernsehen einen Werbespot, dass sich jemand ein neues Auto gekauft und einen Unfall gebaut hat. Leider muss er den Schaden selbst bezahlen, da er keine Vollkasko Versicherung hatte.

Du denkst dir, „oh nein, ich muss unbedingt eine Vollkasko Versicherung abschließen, nicht, dass mir das auch passiert.“

Das ist Schmerz.

Hast du den Unterschied erkannt? Bei Lust handelt es sich um ein positives Gefühl. Bei Schmerz handelt es sich um ein negatives Gefühl.

Mit einem Lust-Kauf möchtest du dir immer etwas Gutes tun. Du möchtest eine schöne Zeit haben oder dir das Leben erleichtern.

Mit einem Schmerz-Kauf möchtest du immer dein Verlustrisiko minimieren. Kein Mensch will eine Versicherung haben. Aber jeder möchte sein Risiko im Schadensfall so gering wie möglich halten.

Wann nutzen wir welche Methode?

Zuerst sollten wir immer die Lust Methode versuchen. Zeige immer Vorteile und die schönen Resultate deines Produkts oder deiner Dienstleistung.

Funktioniert das nicht, kannst du jedoch über Retargeting die gleichen Menschen, die auf deine Seite geklickt, aber nicht gekauft haben, noch einmal über die Schmerz Methode ansprechen.

Beispiel:

Wir haben bei einem Kunden eine Folie für Heuballen über Facebook beworben. Die Folie ist für Bauern wichtig, da die

Heuballen unter der Folie atmen müssen und nicht schimmeln dürfen. Verschimmelt das Heu, ist für den Bauern das Futter für seine Tiere kaputt und das würde einen enormen Schaden bedeuten.

Deshalb bekommt jeder, der auf die Anzeige geklickt, aber nicht gekauft hat, eine weitere Anzeige, die zu einem Blogartikel leitet, in welchem dem Kunden erklärt wird, wie viel Schaden er haben kann, wenn er diese Folie nicht kauft und stattdessen auf eine billigere setzt.

Es ist zweifelsohne wesentlich schöner über Lust zu verkaufen und das sollte auch immer unsere erste Wahl sein. Nichtsdestotrotz kann man im zweiten Anlauf auch gerne einmal die Schmerz Variante versuchen, um den Kunden doch noch von sich und seinem Produkt zu überzeugen.

Manche Kunden sind sogar tatsächlich dankbar und schreiben nach dem Kauf noch eine E-Mail, in welcher sie sich bedanken, dass das Unternehmen sie auf die Risiken hingewiesen hat.

Es gibt aber auch Branchen, in welcher der Lust-Ansatz zwecklos ist. Wie bereits angesprochen, möchte kein Mensch eine Versicherung haben. Du kannst eine Versicherung nicht über Lust verkaufen, das funktioniert nicht. Eine Versicherung verkaufst du immer über Schmerz.

Oder nehmen wir das Beispiel des Feuerlöschers. Wie willst du einen Feuerlöscher über Lust verkaufen? Weil das Rot sich so schön an der weißen Wand macht oder so gut zu den Gardienen passt?

Hier brauchst du über keinen Lust-Kauf nachzudenken, weil es diesen nicht gibt.

Überlege dir immer, ob du mit deinem Produkt etwas Positives auslösen kannst und wenn das der Fall ist, dann versuche die Lust-Variante.

Handlungsaufforderung

„Der sieht doch wo er draufklicken muss…“ Nein, tut er nicht!

Für mich war der Punkt Handlungsaufforderung lange unverständlich und sinnlos. Warum? Weil für mich immer alles, was ich weiß oder kann, selbstverständlich ist. Ich dachte lange, das, was ich kann, kann jeder und das, was ich sehe, sieht jeder.

Die Wahrheit ist, dass die Menschen nichts sehen und ganz anders reagieren, als du das vielleicht vermutest.

Genau aus diesem Grund müssen wir die Menschen führen. Wir müssen sie tatsächlich an die Hand nehmen und Ihnen genau sagen, wo Sie klicken müssen und wenn du gut bist, sagst du ihnen auch noch, was sie hinter diesem Klick erwarten wird und was sie dort tun können.

Machen wir wie immer ein Beispiel:

Du erstellst für eine Videoanzeige bei Facebook ein Video. In diesem Video sagst du im letzten Satz, „Wenn du jetzt das E-Book kostenlos haben möchtest, dann klicke auf den Button unter diesem Video. Dann kommst du zu einer Seite, auf der du dein E-Book kostenlos herunterladen kannst."

Jetzt hast du deinen Interessenten zum Handeln aufgefordert. Du hast ihm gesagt, was er tun soll und damit die Wahrscheinlichkeit erhöht, dass er auch das macht, was du von ihm erwartest.

Ich weiß, du denkst vielleicht, dass du ihm ein kostenloses E-Book mit unendlich viel Wissen schenkst, dann wird er ja wohl wissen, wo er drauf klicken soll und dass er es sich dann herunterladen kann.

Nein, weiß er nicht!

Wir müssen den Menschen genau sagen, was sie tun sollen und zudem sollten wir Ihnen noch sagen, was sie erwartet.

Die Menschen sind nicht alle so bewandert mit dem Internet. Das Internet ist voller Gefahren und jeder erzählt einem, dass es irgendetwas zum halben Preis oder sogar kostenfrei gibt oder wie du ohne Wissen und ohne Kapital in 4 Wochen Millionär bist.

Klar, dass die Menschen dann Angst haben. Deshalb müssen wir sie zum Handeln auffordern und ihnen klare Anweisungen geben.

Das gilt übrigens nicht nur für deine Facebook Werbeanzeigen, sondern auch für Videos auf deinen Landingpages oder ähnlichen Verkaufsseiten.

Immer, wenn du möchtest, dass dein Interessent eine Handlung durchführt, dann musst du ihm das mitteilen.

Schritt für Schritt Anleitung zum Erstellen einer Werbeanzeige

Anzeigenziel

Bevor wir die Anzeige erstellen oder die Zielgruppe auswählen geht es erst einmal darum, was wir mit unserer Anzeige überhaupt erreichen wollen.

Was ist das Ziel deiner Anzeige?

Das Ziel hier auszuwählen ist wichtig, da sich zum einen die darauffolgenden Funktionen bei der Erstellung deiner Werbekampagne unterscheiden, zum anderen aber auch die Auslieferung von Facebook selbst eine etwas andere ist.

Facebook optimiert selbstständig die Auslieferung deiner Werbeanzeige auf dein angegebenes Kampagnenziel.

Facebook ist dazu in der Lage, da sie wissen, wie wir uns verhalten und wenn wir durch unser Verhaltensmuster eher dazu neigen, Produkt X zu kaufen, dann ist die Wahrscheinlichkeit höher, dass wir auch eine Werbung zu Produkt X angezeigt bekommen.

Alles, was du hier unterscheiden kannst und solltest, habe ich dir bereits ausführlich im Kapitel **Ziele deiner**

Werbeanzeige erläutert, deshalb gehen wir jetzt an dieser Stelle gleich zum nächsten Kapitel „Conversion Pixel“ über.

Conversion Pixel

Das Conversion Pixel.

Dieses ist eines der wichtigsten Kapitel in diesem Buch. Nicht wegen seines Inhaltes, sondern wegen des Themas!

Ohne Conversion Pixel, kein Retargeting deiner Websitebesucher.

Wenn du keine Retargeting-Werbung bei Facebook schaltest, dann verschenkst du sehr viel Geld, denn damit sprichst du Menschen an, die bereits auf deiner Website waren und dadurch kein komplett kalter Traffic mehr sind.

Zudem brauchst du das Pixel auf deiner Website auch, um die Leads sowie deine Verkäufe und die Werte deiner Verkäufe nachverfolgen zu können.

Kurz um, Facebook Werbeanzeigen ohne die Installation des Facebook Pixels machen keinen Sinn, wenn du etwas auf einer Website bewirbst!

Deswegen sollte immer eine der ersten Handlungen von dir sein, das Facebook Pixel auf deiner Website richtig zu installieren.

Du findest dein Pixel im Business Manager unter dem Menüpunkt „Pixel“. Alternativ findest du es auch, wenn du zum Beispiel neu eine Conversion Kampagne erstellen möchtest, im Menüpunkt „Anzeigengruppe“ unter "Conversion". Dort kannst du entweder das jeweilige Event für deine Werbeanzeige auswählen oder, wenn du noch kein Pixel konfiguriert und installiert hast, siehst du dort die Möglichkeit dazu.

Ich erkläre dir jetzt die Schnellvariante, wie du dein Pixel installieren kannst. Damit möchte ich mir hier nicht Zeilen sparen, sondern das ist die einzige Variante, die für Anfänger, wie auch für Profis sehr gut funktioniert.

Du suchst dir für dein System, wie zum Beispiel WordPress, oder dein Shopsystem, wie Magento, Shopify oder Shopware, ein passendes Plugin.

Wenn dieses Plugin ein paar Euros kostet, dann investiere das Geld bitte, ich werde dir gleich verraten warum.

Wenn du das Plugin installiert hast, dann musst du nur noch deine Facebook Pixel ID eintragen, auf speichern klicken und fertig ist deine Installation und Konfiguration!

Du hast nun alle Events, wie "Website besucht", "Produkt in Warenkorb gelegt", "Kaufvorgang gestartet", "Kauf" sowie "Lead" usw. funktionsfähig installiert.

Würdest du ohne Plugin arbeiten, müsstest du auf jeder einzelnen Seite, wie zum Beispiel der Checkout-Seite (Seite nach dem Kaufvorgang), einen eigenen Pixelcode mit eigenem Event „Kauf“ installieren.

Installierst du einfach den HTML Code von Facebook in deinen Head Bereich auf deiner Website, hast du keine Events und kannst auch die Conversion-Werte nicht nachvollziehen (geht nur, wenn der Produktkatalog verknüpft ist).

WICHTIG! Prüfe immer, ob dein Facebook Pixel ordnungsgemäß funktioniert!

Das kannst du zum Beispiel mit einer kostenlosen Erweiterung für den Chrome Browser namens „Pixel helper“ machen.

Das hört sich für dich jetzt vielleicht sehr tiefgehend an und du denkst dir unter Umständen, *„Ach, ich will doch nur einmal das Ganze testen, das brauche ich jetzt nicht.“*

Aber genau das ist der Denkfehler. Du brauchst die ganzen Daten, sonst weißt du gar nicht, wie gut oder schlecht dein Test wirklich ist. Woher willst du wissen, ob eine Anzeige gut läuft, wenn du nicht weißt, wie viel Umsatz du über diese Anzeige erzielt hast und wie viele Verkäufe darüber zu Stande kamen?

Installiere dein Facebook Pixel auf deiner Website, bevor du deine Werbeanzeige schaltest!

Wichtig ist auch für dich noch zu wissen, dass du pro Werbekonto ein Facebook Pixel hast. Du kannst dein Facebook Pixel aber auf verschiedenen Websites installieren.

Mit Hilfe des Facebook Pixels kannst du dann anschließend nicht nur sehen, wie viele Leads, Klicks oder Verkäufe dir deine Werbeanzeige eingebracht hat, sondern du kannst auch Custom Audiences erstellen und damit wiederum Retargeting Kampagnen schalten.

Zielgruppendefinition

Die Zielgruppendefinition ist mehr oder weniger das wichtigste bei der Erstellung deiner Facebook Werbekampagne.

Eine schlechte Werbeanzeige kann bei der richtigen Zielgruppe funktionieren, aber eine gute Werbeanzeige, die der falschen Zielgruppe gezeigt wird, wird niemals gute Resultate hervorrufen können.

Damit das wirklich gefestigt wird und du es auch ganz sicher verstehst, möchte ich dazu ein Beispiel machen.

Wenn du absolut überzeugter Veganer bist, dann wirst du bei einer Werbeanzeige mit dem Slogan „Heute Fleisch zum Sonderpreis!“ nicht klicken, geschweige denn etwas kaufen. Ganz egal, wie gut diese Werbeanzeige ist, denn du bist gegen Fleisch. So gut kann diese Werbeanzeige gar nicht sein, dass du doch ein Stück Fleisch kaufst.

Also, ich denke, das ist jetzt klar. ☺ Es ist absolut wichtig, dass du dein Angebot der richtigen Zielgruppe präsentierst.

Demografische Auswahl

Wenn du ganz am Anfang stehst, dann wirst du erst einmal mit einer Kampagne starten, die auf demografischen Angaben basiert. Natürlich kann es auch später lohnenswert sein, seine Zielgruppe nach demografischen Angaben auszuwählen.

Bei der demografischen Zielgruppenauswahl sprechen wir davon, dass wir unsere Zielgruppe mit Angaben definieren, die uns Facebook auswählen lässt. Diese sind zum Beispiel das Alter, der Wohnort oder die Sprache.

Darüber hinaus können wir jedoch auch die Interessensgebiete und Arbeitsverhältnisse der zukünftigen Zielgruppe auswählen.

Es geht bei Facebook jedoch noch wesentlich tiefer. Wir können die Zielgruppe nach Verdienst kategorisieren oder auch nach religiöser Ausrichtung. Familienstand und die Kindersituation können ebenfalls ausgewählt werden.

Es gibt noch weitere Auswahlmöglichkeiten, aber hierfür klickst du dich am besten selbst bei Facebook durch, da man damit allein schon ein Buch füllen könnte.

Ich möchte aber ein Beispiel für dich machen.

Gehen wir davon aus, dass du ein Goldschmied bist, der Trauringkurse anbietet und diese über Facebook bewerben möchte.

Dann könnte deine Zielgruppe zum Beispiel wie folgt ausgewählt sein:

- Wohnhaft in München und 80 km Umkreis.
- Sprache deutsch
- Alter 21 – 50
- Familienstand verlobt
- Geschätztes Monatseinkommen über 2.000 Euro netto
- Interessen: Alles mit Hochzeit – Kleid, Fotografen, Ringe, Musik, etc.

Wenn du das so auswählst, dann kannst du dir relativ sicher sein, dass du eine relevante Zielgruppe für dein Angebot finden wirst. Du könntest natürlich auch noch nach Männern und Frauen unterschieden, wobei ich persönlich das in diesem Fall nicht machen würde, denn ich würde es erst testen, welches Geschlecht wie gut auf die Anzeige reagiert.

Ein wichtiger Punkt, den du auf jeden Fall auch beachten solltest ist, dass du auch Interessen beziehungsweise Zielgruppen mit der Interessensauwahl weiter eingrenzen kannst.

Du kannst zum Beispiel sagen, die Person muss Interesse an einem Hochzeitskleid, aber auch an einem Hochzeitsfotografen haben.

Diese Option der Interessenseingrenzung macht in den meisten Fällen sehr viel Sinn für deine Zielgruppenauswahl.

Was du ebenfalls beachten solltest ist, dass du auch Personen mit demografischen Angaben ausschließen kannst.

Du kannst zum Beispiel sagen, dass die Person Interesse an einem Hochzeitskleid, aber auch an einem Hochzeitsfotografen haben muss, jedoch alle ausgeschlossen werden sollen, die geschätzt mehr als 5000 Euro pro Monat verdienen.

Hier musst du dich einfach selbst durchklicken und das für dich passende heraussuchen. Am besten nutzt du dazu deinen perfekten Kunden-Avatar und suchst dir bei Facebook die passenden Daten dazu heraus.

Übergeh diesen Punkt nicht zu schnell, sondern nimm dir wirklich viel Zeit, denn wie eingangs dieses Kapitels erwähnt, nützt dir die beste und tollste Werbeanzeige nichts, wenn du sie der falschen Zielgruppe anzeigst.

Wenn du eine Zielgruppe erstellt hast, von der du der Meinung bist, dass du sie noch öfter brauchen wirst, dann kannst du die Zielgruppe auch speichern und sie später per Knopfdruck wieder verwenden.

Custom Audience

Wenn du bereits Daten zu deiner Zielgruppe hast, dann kannst du eine eigene Zielgruppe (= Custom Audience) erstellen.

Inzwischen gibt es bei Facebook einige Möglichkeiten, wie du eine Custom Audience erstellen kannst. Du kannst zum Beispiel die E-Mail Adressen deiner Zielgruppe bei Facebook hochladen. Eine weitere Möglichkeit, diese benutze ich meistens, ist es, eine Custom Audience aus Besuchern deiner Website zu erstellen.

Wenn du das Facebook Pixel auf deiner Website installiert hast, dann wird jeder, der deine Website besucht, getracked mit diesem Pixel. Damit findet ihn Facebook wieder. Wenn deine Website oder auch nur eine einzige Landing Page von einigen hundert Menschen besucht wurde, dann kann es schon Sinn machen, daraus eine eigene Zielgruppe zu erstellen, denn bei diesen Menschen weißt du, dass sie dich bereits kennen, da sie auf deiner Website waren.

Beim Ersteller deiner Custom Audience kannst du auch spezifisch werden, indem du auswählst, dass der Nutzer auf deiner Website Seite A besucht haben muss, Seite B aber noch nicht gesehen haben darf.

Einfach erklärt bedeutet das zum Beispiel, dass der Besucher ein Produkt in deinem Onlineshop in den Warenkorb hinzugefügt haben soll, aber noch nicht gekauft haben darf.

Damit weißt du genau, wen du als Warenkorbabbrecher erneut über eine weitere Werbeanzeige ansprechen kannst.

Diese Unterscheidungen können später unglaublich wichtig sein, denn je spezifischer und genauer du deine Zielgruppe definieren kannst, desto genauer kannst du sie später auch ansprechen und desto größer wird die Wahrscheinlichkeit sein, dass sie dein Angebot in Anspruch nehmen.

Eine Custom Audience aus deinem Website-Traffic zu erstellen ist auf jeden Fall immer sinnvoll!

Facebook hat sich inzwischen aber immer weiter verbessert und deswegen gibt es weitere coole und vor allem nützliche Features, wie du eine eigene Zielgruppe auch ohne eigene Website erstellen kannst.

Alles was du dazu brauchst ist eine Facebook Fan Page.

Ich zähle jetzt nicht alle Möglichkeiten auf, denn das würde dir an dieser Stelle nichts bringen, aber die wichtigsten nehmen wir dafür etwas genauer unter die Lupe.

Du siehst es selbst, wenn du eine neue Custom Audience erstellen möchtest und dann auf „Interaktionen" klickst.

Hier findest du die Liste mit Video, Lead-Formular, Vollbild-Erlebnis, Facebook-Seite, Instagram Business Profil und Veranstaltungen.

Mist, jetzt habe ich sie doch alle aufgezählt. ☺

Es geht hierbei darum, dass du eine Zielgruppe aus den Menschen erstellen kannst, die mit den oben genannten (Fan Page, Veranstaltungen usw.) interagiert haben.

Das ist wirklich sehr nützlich.

Wenn wir uns den Bereich Video etwas genauer ansehen, dann hast du dort weitere Eingrenzungsmöglichkeiten. Du kannst zum Beispiel sagen, dass in deiner Zielgruppe nur Menschen sein sollen, die ein spezielles Video mehr als 50% angesehen haben.

Warum ist das sinnvoll?

Wenn du mit deiner Werbeanzeige ein Produkt für den Aufbau eines Onlineshops verkaufen möchtest und dieses Produkt nicht ganz billig ist, dann brauchst du Menschen, die zum einen am Aufbau eines Onlineshops interessiert sind und zum anderen aber bereits vertrauen zu dir aufgebaut haben.

Wenn du jetzt alle Videoklicks mit rein nimmst, zu denen auch die zählen, die das Video nur fünf Sekunden lang angesehen haben, dann hast du dort möglicherweise viele Menschen drin, für die dein Produkt nicht in Frage kommt oder die noch zu wenig Vertrauen zu dir aufgebaut haben.

Das war jetzt nur ein Beispiel, aber ich hoffe, du hast den Grundsatz dieser Funktion verstanden.

Wichtig für dich und das ist eine Kernaussage dieses Buches ist, dass du verstehst, dass du deine Zielgruppe so eng wie möglich eingrenzen musst.

Nur dann erreichst du die günstigsten Werbeanzeigen mit dem größten Ertragspotential.

Schauen wir uns noch den Punkt Facebook-Seiten an, welcher auch ein enormes Potential beinhaltet.

Du siehst, Facebook Werbeanzeigen sind so spannend, da könnte man glatt ein ganzes Buch darüber schreiben! ☺

Auch im Punkt Facebook-Seiten hast du die Möglichkeit weitere Auswahlmöglichkeiten zu wählen.

Derzeit bietet Facebook dir folgende an:

- Alle, die mit deiner Seite interagiert haben
- Jeder, der deine Seite besucht hat
- Personen, die mit einem Beitrag oder eine Werbeanzeige interagiert haben
- Personen, die einen "Call to Action" - Button geklickt haben
- Personen, die eine Nachricht an deine Seite geschickt haben
- Personen, die deine Seite oder einen Beitrag gespeichert haben

Warum sind diese Funktionen nützlich? Weil es immer nach dem gleichen Prinzip funktioniert! Grenze deine Zielgruppe so stark wie möglich ein!

Wenn dir jemand eine Nachricht an deine Fan Page geschickt hat, dann können wir davon ausgehen, dass die Person dich kennt und vermutlich auch einen Rat von dir wollte.

Das bedeutet wiederum, dass diese Person vertrauen in dich hat und wenn jemand vertrauen zu jemand anderem gefasst hast, ist die Chance wesentlich größer, dass diese Person etwas kauft, wie bei jemandem, der dich gar nicht kennt.

Viele Unternehmer verschenken unglaublich viel Potential, einfach, weil sie den lauwarmen Traffic, den man sich teuer und mühevoll aufgebaut hat, nicht nutzen.

Die meisten erstellen Werbeanzeigen, egal, ob bei Facebook oder wo anders, um die Menschen auf Ihre Website zu bringen.

Die wenigsten erstellen jedoch weitere Werbeanzeigen, um die Menschen, die zwar auf der Website waren, aber nicht gekauft haben, doch noch zum Kauf zu bewegen und genau hierbei liegt das größte Potential!

Die Erstellung von Facebook Werbeanzeigen ist oftmals eine Spielerei mit den Zielgruppen, aber nutze die Tools, die Facebook dir mit an die Hand gibt! Nur wenn du dich ausgiebig damit beschäftigst, wirst du langfristig gute Ergebnisse erzielen können.

Look-a-like Audience

Die Look-a-like Audience könnte man als Erweiterung der Custom Audience sehen. Hierbei baust du dir keine neue Zielgruppe aus Daten selbst zusammen, sondern du gibst Facebook eine fertige Zielgruppe und Facebook erstellt daraus eine eigene Zielgruppe mit Menschen, die deiner Zielgruppe sehr ähnlich sind.

Machen wir ein Beispiel:

Du erstellst eine Custom Audience aus allen Menschen, die bei dir gekauft haben (indem du die Checkout-Seite als Maßstab nimmst). Daraus erstellst du jetzt eine Look-a-Like Audience.

Dann schaut sich Facebook die Profile beziehungsweise die Interaktionen deiner Käufer an, bildet daraus einen Durchschnitt und sucht sich andere Profile, die ähnliche Verhaltensmuster aufweisen.

Warum? Weil wenn der Hans bei dir gekauft hat und der Thomas sich ähnlich wie der Hans verhält und die gleichen Interessen hat, dann ist die Wahrscheinlichkeit relativ groß, dass auch Thomas bei dir kaufen wird.

Ich glaube du hast gerade einen WOW-Moment was die Look-a-Like Audience betrifft.

Dieses Werkzeug ist ganz ehrlich der Hammer! Denn so kannst du aus einer funktionierenden Zielgruppe eine neue, erweiterte Zielgruppe machen.

Wichtig ist, dass du den oberen Satz vielleicht noch einmal liest. Du machst aus einer FUNKTIONIERENDEN Zielgruppe eine Erweiterung.

Nicht aus einer Zielgruppe, die passen müsste, könnte oder sollte, sondern aus einer Zielgruppe, die bereits passt, weil sie gekauft hat! Das ist ein gigantischer Unterschied, der dir in deinem Geschäft richtig viel Geld bringen kann.

Leider muss ich deine Euphorie jetzt etwas dämpfen, denn du brauchst Daten, um eine Look-a-Like Audience erstellen zu können.

Facebook kann nur nach Menschen suchen, die sich ähnlich verhalten, wenn du ihnen auch Menschen (Daten) lieferst, die sich bereits wie gewünscht verhalten haben.

Facebook bildet meiner Meinung nach einen Durchschnitt aus den jeweiligen Verhaltensmustern, deshalb ist mehr hierbei immer besser.

Wenn du 3 Verkäufe hast, dann brauchst du darauf keine Look-a-Like Audience erstellen, da daraus kein ordentlicher Durchschnitt gebildet werden kann.

Wenn du mit ordentlichen Look-a-Like Audiences arbeiten möchtest, dann solltest du dir die Zahl 100 merken.

Mindestens 100 Besucher auf einer Seite beziehungsweise 100 Käufer solltest du haben, damit Facebook wenigstens ein bisschen Futter zum Arbeiten hat.

Mehr ist wie gesagt immer besser, also wenn du 500 oder 1000 Verkäufe hast, wird deine Look-a-Like Audience mit Sicherheit noch treffsicherer als bei 100, aber mit 100 kannst du meiner Meinung nach anfangen eine Look-a-Like Audience von Facebook erstellen zu lassen.

Anzeigenplatzierung

Du hast verschiedene Möglichkeiten wo deine Werbeanzeige bei Facebook, Instagram und im Audience Network angezeigt werden soll.

Starten wir erst einmal mit der Frage, Mobile oder Desktop?

Standard ist „alle Geräte“. Das bedeutet so viel wie deine Werbeanzeige wird sowohl auf mobilen Endgeräten, wie zum Beispiel Smartphones und Tablets, wie auch auf klassischen Computern und Laptops ausgespielt.

Du hast jedoch auch die Möglichkeit anzugeben, dass deine Werbeanzeige ausschließlich auf Desktops oder ausschließlich auf mobilen Endgeräten angezeigt werden soll.

Wenn du die mobilen Geräte inkludiert hast, egal, ob nur Mobile oder alle Geräte (inkl. Desktop) dann kannst du hier zudem auswählen, ob Android oder iOS ein- oder ausgeschlossen werden soll.

Diese Unterscheidung ist vor allem sehr sinnvoll, wenn du Betriebssystemspezifische Produkte verkaufst. Eine App, für die es noch keine iOS-Version gibt, muss Apple Nutzern auch nicht angezeigt werden. Ebenfalls brauchst du jemandem, der gerade sein Apple IPhone in der Hand hält, keine Werbeanzeige für eine Tasche für das neueste Samsung Galaxy Modell anzeigen.

Es geht immer darum die Zielgruppe so gut es geht einzugrenzen und damit hast du hier eine sehr gute weitere Möglichkeit von Facebook an die Hand bekommen.

Wann macht es Sinn Desktops oder mobile Geräte ein- oder auszuschließen?

Auch hier ist das Beispiel einer App ein sehr gutes. Eine App über den Desktop PC zu bewerben ist nicht so sinnvoll, wie diese direkt über das Smartphone zu bewerben.

Ich kreiere oftmals auch unterschiedliche Werbeanzeigen für Mobile und Desktop, da die Darstellungsform sich einfach etwas unterscheidet und ich dadurch versuche die Kampagne noch zielgerichteter und somit erfolgreicher zu erstellen.

Nun haben wir noch weitere Platzierungsmöglichkeiten und zwar auf den verschiedenen Plattformen und auch diese möchte ich einzeln mit dir durchgehen.

Facebook

Feeds

Facebook Feeds bedeutet, dass eure Anzeigen im Newsfeed bei Facebook angezeigt werden. Das ist der Bereich, in welchem ihr auch alle normalen Bilder und Videos eurer Freunde bei Facebook sehen könnt.

Hier lasse ich meine Werbeanzeigen oft ausschließlich anzeigen. Diese Option könnt ihr deaktivieren, aber nur, wenn ihr ausschließlich bei Instagram Werbung schalten wollt.

Es gibt noch eine weitere Ausnahme. Das sind die Messenger Nachrichten, aber es erklärt sich von selbst, dass eine Messenger Werbung nicht im Newsfeed erscheinen kann.

Instant Articles

Instant Articles funktionieren nur mobil und nur in Verbindung mit dem mobilen News Feed.

Bei Instant Articles handelt es sich um Seiten, die direkt bei Facebook geladen werden. Diese werden vor allem für Newsbeiträge verwendet und haben sehr schnelle Ladezeiten auf den mobilen Endgeräten.

Da es sich um Artikel von meist großen Verlagen handelt, hast du die Möglichkeit zum Beispiel National Geographic Leser mit deiner Werbung dort zu erreichen.

Es ist, wie es immer ist, du musst es testen, ob deine Werbeanzeigen in Instant Articles funktionieren.

In-Stream Video

Das kennst du bestimmt bereits von YouTube, wenn vor oder im Video eine Werbung angezeigt wird. Ähnlich ist das bei Facebook nun auch, aber du kannst In-Stream Werbungen nur mit dem Kampagnenziel „Video Views" verwenden und dein In-Stream Werbevideo darf nicht länger als 15 Sekunden lang sein.

Diese Möglichkeit kommt vermutlich für die meisten deiner Werbeanzeigen nicht in Frage, kann aber für manche Aktion doch einen Versuch wert sein.

Rechte Spalte

Dazu gibt es glaube ich nicht allzu viel zu erklären. Wenn diese Option ausgewählt wird, dann findest du deine Werbung in der rechten Spalte bei Facebook wieder.

Ich empfehle diese Option nur, wenn dein Bild allein ausreicht, damit der Nutzer deine Werbung versteht oder neugierig wird. Brauchst du ein paar Zeilen als Erklärung oder gar ein Video, dann ist die rechte Spalte als Werbeplatzierung für dich meiner Erfahrung nach nicht interessant.

Vorgeschlagene Videos

Auch das geht nur mit dem Kampagnenziel „Video Views". Hierbei erscheint dein Video nachdem ein Video abgespielt wurde, wenn es weitere passende Videos gibt, die vorgeschlagen werden, erscheinen diese unter dem eigentlichen Video.

Instagram

Wenn du Werbung bei Instagram schalten möchtest, dann ist für dich vorab wichtig zu wissen, dass das Publikum auf Instagram ein komplett anderes ist beziehungsweise sein kann, als bei Facebook.

Du kannst und solltest für Instagram eigene Grafiken und Videoformate erstellen, da bei Instagram alles quadratisch ist und wir dem Nutzer ja das bestmögliche Erlebnis mit unserer Werbeanzeige ermöglichen wollen.

Bei Instagram hast du zwei Platzierungsmöglichkeiten. Zum einen im Instagram Newsfeed und zum anderen in den Instagram Stories.

Meiner Erfahrung nach funktioniert die Werbung in Stories tendenziell etwas schlechter als die im Newsfeed. Tatsächlich musst du es aber, wie immer, selbst ausprobieren, da deine Zielgruppe wiederum komplett anders agieren kann als meine.

Wichtig, aber eigentlich auch klar ist, dass deine Werbung natürlich nur mobil ausgespielt wird, da es Instagram nicht für den Computer gibt. Du kannst Instagram zwar über den Browser aufrufen, hast hier aber einen sehr eingeschränkten Funktionsumfang und auch keine Werbeanzeigen.

Audience Network

Wenn du im Audience Network Werbung schalten möchtest, dann weißt du nicht genau, wo diese Werbung zu sehen sein wird, da es sich um externe Partner handelt.

Deine Werbung könnte dann zum Beispiel als kleiner Banner bei Apps, wie Angry Birds, oder Websites, wie der Bild Zeitung, zu sehen sein.

Auch hier ist es so, dass dein Bild, also dein Banner für sich schon aussagekräftig genug sein sollte, damit diese Anzeigen funktionieren, da auch hier kein Text dabei ist. Wenn du ein Video hast, dann kann auch das gut funktionieren, wenn du auf "Video Views" als Ziel gehst.

Messenger

Du kannst Werbenachrichten direkt in den Messenger der Leute posten. Das klingt erstmal cool, geht aber nur mit Menschen, die dir auf deiner Fan Page bereits eine Nachricht geschrieben haben.

Nichtdestotrotz ist das noch immer cool, da du die Menschen, ähnlich, wie mit einem Chat-Bot, direkt erreichst. Diese Methode ist oftmals viel effizienter als die herkömmliche Werbeschaltung, da es sich um warmen Traffic handelt.

Aber wie gesagt, das geht nur mit Menschen, die bereits mit deiner Seite Nachrichten ausgetauscht haben.

Ich habe dir jetzt alle derzeit existierenden Platzierungsmöglichkeiten aufgelistet. Wie bereits angesprochen, wähle ich persönlich meist ausschließlich den Facebook Newsfeed als Anzeigenoption aus. Man kann es aber nicht verallgemeinern, denn auch andere Platzierungsmöglichkeiten funktionieren oftmals sehr gut.

Du musst es ganz einfach ausprobieren. Erstelle dazu mehrere Anzeigengruppen und wähle immer eine andere Anzeigenoption aus.

Nach einer Woche schaust du, welche die besten Zahlen (CTR, Klicks, CPM usw.) aufweist. Die beste Variante lässt du laufen, die anderen schaltest du ab.

Budget & Zeitplan

Werbebudget

Du kannst bei Facebook auswählen, ob du mit einem Tages- oder Laufzeitbudget arbeiten möchtest. Was das im Einzelnen bedeutet, erkläre ich dir gleich. Zuerst möchte ich jedoch mit einem falschen Glaubenssatz anfangen.

„Du brauchst viel Geld, um Werbung schalten zu können."

Genau diese Aussage ist inzwischen nicht mehr wahr. Klar brauchst du grundsätzlich ein gewisses Budget, da du vermutlich verschiedene Anzeigen testen musst und vielleicht nicht jede Werbeanzeige sofort Erfolg bringt. Grundsätzlich jedoch kannst du bei Facebook Werbung ab einem Euro schalten!

Das heißt, dass du ab einem Euro pro Tag deine eigene Werbekampagne erstellen und der Welt da draußen zeigen kannst.

Natürlich erreichst du mit diesem einen Euro nicht besonders viele Menschen (geschätzt circa 100) aber dennoch können sich ja auch daraus schon Verkäufe ergeben.

Ich teste eine Facebook Werbeanzeige am Anfang, egal, ob bei mir selbst oder bei meinen Kunden, immer mit fünf Euro pro Tag.

Das mache ich, um möglichst wenig Geld zu verbrennen und somit herauszufinden, welche von mir erstellte Anzeige am besten funktioniert. Ich erstelle natürlich mehrere Anzeigen und habe somit für jede Anzeige fünf Euro Tagesbudget, aber so verbrenne ich am wenigsten Geld.

Erst, wenn ich einen klaren Sieger habe, erhöhe ich das Budget und schalte die schlechten Anzeigen ab.

Deswegen empfehle ich dir: Starte mit fünf Euro pro Tag und wenn die Anzeige funktioniert, dann kannst du das Budget erhöhen.

Wenn Sie mit fünf Euro am Tag nicht funktioniert, dann wird sie mit 50 oder 500 Euro pro Tag auch nicht funktionieren.

Tagesbudget

Wenn du eine Anzeige mit unbegrenzter Laufzeit erstellen möchtest, dann arbeitest du mit einem Tagesbudget. Hier bezahlst du zum Beispiel fünf Euro pro Tag und Facebook liefert deine Anzeige so lange über den Tag verteilt aus, bis das Werbebudget aufgebraucht ist.

Du hast somit absolute Kostenkontrolle.

Bei der Option Tagesbudget kannst du mit einem Zeitplan arbeiten. Du kannst wählen, wann die Anzeige gestartet und wann diese beendet werden soll.

Beim Laufzeitbudget musst du mit einem Zeitplan arbeiten, da du die Laufzeit für dein Budget definieren musst.

Mehr dazu im nächsten Absatz.

Laufzeitbudget

Wenn du mit einem Laufzeitbudget arbeiten möchtest, dann ist deine Anzeige für einen festen Zeitraum definiert, zum Beispiel vom 01.04.2019 bis zum 01.06.2019. Für diese Laufzeit gibst du dein Budget, zum Beispiel 350 Euro, an.

Auch hier hast du volle Kostenkontrolle, denn du weißt genau, die Anzeige kostet dich während dieser Laufzeit 350

Euro und am 01.06.2019 wird diese automatisch abgeschaltet.

Mit Laufzeiten würde ich nur arbeiten, wenn du sicher weißt, dass diese Anzeige zu einem bestimmten Datum abgeschaltet werden soll, zum Beispiel, wenn du eine Veranstaltung bewirbst.

Uhrzeit

In diesem Abschnitt wählst du aus, zu welchen Uhrzeiten deine Werbeanzeige ausgeliefert werden soll. Wählst du beispielsweise von 13 – 15 Uhr aus, wird deine Werbeanzeige nur während dieses Zeitraums am Tag auf Facebook angezeigt.

Bevor du dir jetzt aber sofort denkst, „super, dann deaktiviere ich es in der Nacht“, solltest du dir die Frage stellen, ob das wirklich sinnvoll ist.

Ist deine Zielgruppe wirklich nachts auf keinen Fall aktiv beziehungsweise bereit, deine Seite zu liken oder dein Produkt zu kaufen?

Meine Meinung ist, dass jeder, der in Facebook die Werbeanzeige sieht, in diesem Moment auch dazu in der Lage ist, eine Aktion auszuführen, zum Beispiel zu kaufen.

Wann machen dann zeitliche Auslieferungen Sinn?

Wenn du ein zeitlich befristetes Angebot hast.

Wenn du zum Beispiel täglich von 19 – 20 Uhr ein Liveshoppingmodul in deinem Onlineshop betreibst, dann solltest du dafür auch nur in diesem Zeitraum beziehungsweise auch kurz zuvor werben.

Das hat den Hintergrund, dass du mit deiner Anzeige Menschen direkt auf deine Seite leiten möchtest, die dann an deinem Live Shopping sofort teilnehmen.

Deshalb bringt es für diese Aktion nicht viel, wenn du diese Anzeige auch noch um 21 Uhr ausspielst, denn dann ist dein Live Shopping vorbei und bis morgen haben sie es sowieso schon wieder vergessen.

Wenn ich kein zeitlich limitiertes Ziel verfolge, dann lasse ich die Anzeigenausspielung auf automatisch, denn ich habe auch schon nachts um 2:00 Uhr Verkäufe durch Facebook erzielt, die ich ohne Werbeanzeige nicht gehabt hätte.

Gebotswert

Wir haben bei Facebook die Möglichkeit festzulegen, ob wir einen Gebotswert eingeben möchten oder nicht.

Wie viel ist mir zum Beispiel ein Link-Klick wert?

Wenn du diesen Punkt auf automatisch lässt, dann kategorisiert dich Facebook anhand der Parameter deiner Werbeanzeige und der Konkurrenzsituation ein.

Wenn du deinen Gebotsweg manuell festlegst und wir gehen einmal davon aus, dass du diesen sehr hoch wählst (5 Euro pro Klick), dann wird Facebook deine Werbeanzeige anderen Anzeigen vorziehen.

Das kann sich vor allem bei einer sehr kleinen und gut targetierten Zielgruppe lohnen. Was man dabei natürlich immer im Hinterkopf behalten sollte ist die Kosten-Nutzen Rechnung. Es bringt mir nichts, hohe Klickpreise zu bezahlen, wenn ich eine sehr geringe Marge oder niedrigpreis Produkte habe.

Wenn du noch am Anfang stehst, dann würde ich dir empfehlen, den Gebotswert auf automatisch zu lassen. Profis können sich hieran versuchen, aber Anfänger können damit schnell mehr Geld verbrennen als nötig wäre.

Werbeanzeige

Bildanzeige oder Videoanzeige?

Eine Frage, die mir von meinen Zuschauern bei YouTube oder auch meinen Podcast-Hörern sehr oft gestellt wird ist:

„Ben, was ist besser für meine Facebook Anzeige, ein Bild oder ein Video?“

Die klare Antwort, die aber niemand gerne hört ist:

„Es kommt auf dein Ziel an!“

Blöd, ich weiß, aber schauen wir uns das Thema etwas genauer an.

Grundsätzlich kann ich dir jetzt schon sagen: Ein Video ist für deine Werbeanzeige in der Regel besser. Das bedeutet jedoch nicht, dass ein Bild nicht genauso gut oder sogar besser funktionieren kann.

Warum funktionieren Videos in der Regel bei Facebook besser?

Unsere Social Media Welt ist sehr schnelllebig und vor allem kurzweilig. Wir sehen täglich tausende Bilder und scrollen schnell darüber hinweg, ohne es wirklich angesehen zu haben. Unser Gehirn scannt ein Bild bei Facebook in

Sekundenbruchteilen ab und entscheidet, ob es für uns relevant ist oder nicht. Entscheidet es nein, scrollen wir sofort weiter.

Bei einem Video geht das nicht so einfach, da wir auch nicht nur das erste Bild beziehungsweise vielleicht noch die ersten 1 – 3 Sekunden sehen. Auf Grund dieser Informationen entscheidet unser Gehirn wieder, ob es relevant für uns sein könnte oder nicht.

Bei einem Video kommt im Vergleich zu einem Bild jedoch noch der entscheidende Faktor hinzu, dass wir nicht wissen können, ob sich nicht vielleicht doch eine relevante Information in diesem Video für uns versteckt. Deshalb neigen wir oftmals dazu, uns Videos anzusehen, nur um herauszufinden, ob nicht vielleicht doch was Interessantes im Inhalt für uns versteckt ist.

Natürlich kommt es dabei sehr oft vor, dass wir das Video dann nach einigen weiteren Sekunden abschalten und nach Ende des Videos frustriert feststellen mussten, dass wir wieder 2 Minuten sinnlos bei Facebook mit einem Video vergeudet haben.

Das ändert aber nichts an der Tatsache, dass wir neugierig sind und uns gerne unterhalten lassen. Genau das geht mit einem Video wesentlich besser, als mit einem Bild.

Weil in Videos viel passiert, ist die Interaktionsrate auch wesentlich besser als bei normalen Bildern. Bei Bildern klappt das in der Regel nur, wenn man beim ersten Blick sofort erkennt, worum es geht und die Message oder den Witz dahinter versteht.

Dein Video sollte auch nicht länger als eine Minute sein. Wie ich bereits erwähnt habe, möchten wir zwar alle für uns relevanten Informationen aus dem Video filtern, jedoch sind wir heutzutage nicht mehr bereit, dafür mit unserer kostbaren Zeit zu bezahlen.

Nennen wir das Kind beim Namen. Wir sind ungeduldig und wollen alles kostenlos und zwar so schnell wie möglich. Traurig, aber wahr.

Erstellst du jetzt ein tolles Video, welches aber 8 Minuten lang ist, wirst du maximal 2% haben, die dein Video bis zum Ende anschauen. Erstellst du ein tolles Video, welches circa eine Minute lang ist, dann hast du vielleicht 30%, die es bis zum Ende anschauen.

Und wenn du jetzt denkst, „was, nur 30% bei einem sehr tollen Video? Das ist doch viel zu wenig?!", dann solltest du dich an niedrige Prozentzahlen im Internet gewöhnen. Die wenigsten Menschen führen die gewünschten Aktionen so aus, wie du sie gerne hättest. Die meisten Menschen scrollen über dein Angebot, klicken sehr schnell wieder weg oder nehmen dein Angebot einfach nicht in Anspruch.

Du kannst heute Wissen verschenken, womit jemand anders eine Millionen Euro im Jahr verdienen könnte und trotzdem werden sich die wenigsten dein Wissen holen, obwohl es kostenlos wäre.

Die Menschen sind so. Es liegt meiner Meinung nach an der Reizüberflutung. Die Menschen interessieren sich für alles und nichts. Zum Teil ist natürlich das Angebot auch so groß, dass es 1000 Angebote gibt, die dir sagen, wie du Schritt für Schritt zum Millionär wirst, wenn du dich als Interessent dann schon bei 20 eingetragen hast und du nun der 21. mit einer Anleitung bist, dann kann es passieren, dass man sich eben bei dir nicht mehr einträgt.

Aber das macht meiner Meinung nach nichts, denn die guten werden sich langfristig immer gegen die schlechten durchsetzen. Du musst nur lange genug beweisen, dass du, dein Angebot oder dein Onlineshop besser (b)ist, als die Konkurrenz und dann wirst du irgendwann die Oberhand bekommen.

So, jetzt sind wir etwas in die Psychologie eingetaucht. Schauen wir uns jetzt aber an, wann ein Bild und wann ein Video verwendet werden sollte.

Grundsätzlich gilt auch hier, dass du es testen musst. Ich kann dir in diesem Buch keine 100%ig pauschale Antwort geben, da es immer Ausnahmen geben kann, deshalb teste es bei Bedarf, nur dann hast du wirklich Gewissheit, was bei dir besser funktioniert.

Ich habe für mich folgende Regeln aufgestellt:

- Wenn du viele Interaktionen (Likes, Shares, Kommentare) haben möchtest, dann verwende ein Video.
- Wenn du etwas verkaufen möchtest, das mit einem Video besser dargestellt werden kann, als mit einem Bild, dann verwende ein Video.
- Wenn du viel Vertrauen mit deiner Anzeige aufbauen möchtest, dann verwende ein Video.
- Wenn dein Produkt nicht erklärungsbedürftig ist, dann versuche es mit einem Bild.

Mit diesen einfachen Regeln bin ich bei mir und meinen Kunden bislang sehr gut gefahren.

Ich arbeite grundsätzlich lieber mit Videos, weil sie eine höhere Interaktionsrate haben, dadurch die Werbeanzeigen meistens günstiger als Bildanzeigen sind und sie zudem oftmals bessere Ergebnisse erzielen.

Anzeigentext

Bevor wir gleich zu den Textteilen deiner Werbeanzeige kommen, möchte ich dir zuvor noch mit auf den Weg geben, dass du bei Facebook beim Gestalten deiner Werbeanzeige rechts die Vorschau für die verschiedenen Gerätetypen anzeigen lassen kannst. Wichtig für dich sind dabei eigentlich nur die ersten beiden Varianten, nämlich Desktop und Mobile.

Desktop ist meiner Meinung nach nur wichtig, wenn du vorhast, deine Anzeigen ausschließlich auf dem Desktop anzeigen zu lassen. Ist dies nicht der Fall, dann würde ich dir empfehlen, dich bei der Gestaltung deiner Texte, wie Headline oder Beschreibung, immer an der Mobile-Vorschau zu orientieren.

Das hat den Hintergrund, dass Facebook vor allem von Mobile-Usern über das Smartphone genutzt wird. Hier ist auch die Interaktionsrate am höchsten und leider die Aufmerksamkeitsspanne am niedrigsten. Dennoch wird deine Werbeanzeige hauptsächlich mobil ausgespielt werden, wenn du es selbst nicht anders definiert hast. Dementsprechend ist es wichtig, dass deine Werbeanzeige vor allem mobil möglichst schön anzusehen ist.

Deswegen lautet meine Empfehlung an dich, wenn du nicht für jedes Gerät (Desktop, Mobile) eine eigene Variante erstellen möchtest, dir immer die Mobile-Vorschau zu öffnen und deine Werbeanzeige danach zu gestalten.

Wenn du es allerdings sehr professionell machen möchtest, dann erstellst du zwei verschiedene Anzeigen für Mobile und Desktop.

Titel

Der Titel steht bei Facebook nicht, wie man annehmen könnte, über allem und somit ganz oben, sondern Facebook packt den Titel unter dein Bild oder dein Video.

Wenn du die Mobile-Vorschau geöffnet hast, dann siehst du in Echtzeit, wie dein Titel in deiner Werbeanzeige aussehen wird. Achte darauf, dass er in eine Zeile passt und wähle ihn deshalb nicht zu lang.

Wichtig ist natürlich, dass du mit deinem Titel die Neugierde des Betrachters weckst und / oder dein Angebot möglichst klar anpreist.

Der Facebook-User sollte sofort erkennen können, worum es in deinem Post geht oder ihn so neugierig machen, dass er sich deinen Text, dein Bild oder dein Video genauer ansieht.

Hier einige Punkte, die du beachten solltest:

- wecke die Neugierde des Lesers
- sei möglichst präzise
- arbeite mit Smileys
- arbeite mit Zahlen
- arbeite mit Wörtern, wie "Angebot", "kostenlos", "nur heute", "Rabatt", etc.
- wähle den Titel so kurz wie möglich

Text

Der Beschreibungstext deiner Anzeige ist ein sehr wichtiger Teil, dem oftmals von Anfängern zu wenig Beachtung geschenkt wird.

Facebook ist kein Werbenetzwerk und die wenigsten Facebook-Nutzer können Werbung von normalen alltäglichen Beiträgen wirklich unterscheiden.

Werbung ist selbstverständlich etwas Böses und deshalb möchte doch niemand eine Werbeanzeige anklicken, kommentieren oder gar teilen.

Deshalb müssen wir versuchen, unsere Werbeanzeige möglichst alltäglich aussehen zu lassen, als ob ein ganz normaler Facebook-Nutzer einen Beitrag erstellt hätte.

Meiner Meinung nach sehr wichtig dabei ist, dass du mit Smileys arbeitest. Ich möchte dazu keine Empfehlung aussprechen, aber gib einmal bei Google „Facebook Smileys“ ein und dann nimmst du die erste Seite die angezeigt wird. ☺

Ich arbeite in der Regel nicht mit Fließtexten, sondern mit einzelnen kurzen Sätzen oder Stichwörtern. Ich versuche das Angebot und die Vorteile immer so übersichtlich wie möglich in dem Text meiner Werbeanzeige herauszustellen.

Mobil hast du mehr Zeilen zur Verfügung, als in der Desktop-Variante. Dort wird bereits nach sechs Zeilen dein

Textbereich abgeschnitten und mit einem „...mehr“ versehen. Mobil hast du meist neun Zeilen zur Verfügung.

Diese musst du aber nicht zwangsläufig ausnutzen. Drei Vorteile reichen meistens aus, aber auch hier kannst du gerne einmal eigene Tests machen, indem du einfach deine Werbeanzeige duplizierst und eben eine mit drei Vorteilen und eine mit fünf Vorteilen erstellst. Das lässt du dann 1 – 2 Wochen laufen und schaust ob du einen großartigen Unterschied in deinen Zahlen feststellen kannst.

Zusätzlich solltest du eine "Call to Action", also eine Handlungsaufforderung mit in deinen Text einbringen.

Mögliche Beispiele hierfür sind:

- Klicke jetzt auf den Button.
- Teile das Video mit deinen Freunden.
- Markiere 2 Freunde, die das sehen müssen.
- Registriere dich jetzt.
- Sichere dir jetzt dieses tolle Angebot.

Achte bei der Erstellung deines Textes darauf, dass du alles kurz, prägnant, aber vor allem auch übersichtlich gestaltest. Wir haben bereits gelernt, dass die Menschen keine Zeit zum Lesen haben. Dein Text muss vom Gehirn des Nutzers sehr leicht zu scannen sein. Damit er möglichst relevant erscheint, solltest du Vorteile einbringen.

Hier habe ich dir noch einmal kurz die wichtigsten Daten für deinen Text zusammengefasst:

- arbeite mit kurzen Sätzen
- arbeite mit Smileys
- wecke die Neugierde des Nutzers
- integriere einen Call to Action
- bringe 3 – 5 Vorteile mit ein

Beschreibung des Newsfeed-Links

Dieser Teil erscheint unter dem Titel und über dem angezeigten Link unter dem Bild / Video. Für diesen Teil verwende ich immer ein paar Smileys und 2 – 3 Vorteile zum Angebot. Das dient einfach dazu, dem Nutzer erneut aufzuzeigen, wie gut dieses Angebot ist und dass er es sich deshalb auf keinen Fall entgehen lassen sollte.

Obwohl du hier zwar einigen Platz hättest, kannst du nicht mit Absätzen arbeiten. Deshalb beschränke dich in der Regel auf 1 – 2 Zeilen.

Achte auch hier darauf, dass du diesen Textteil so einfach und übersichtlich wie möglich für den Nutzer hältst.

Parameter

Dieser Teil kann wichtig für dein Tracking sein. Wenn du mit Google Analytics oder in deinem Online Shopsystem eigene URLs erstellen möchtest, dann kannst du diese zusätzlichen Parameter hier eintragen.

Dann wird an die von dir bei Facebook eingefügte URL immer dein eingefügter Parameter hinten angehängt. Das sieht dann oftmals so aus: „?parameter=kampagnexyz“.

ACHTUNG!

Wenn du mit Parametern arbeitest, dann teste den Button deiner Werbeanzeige umgehend nach Fertigstellung, denn hier kann es auch zu Problemen kommen. Wenn dein Link dann zu einer nicht existierenden Seite führt, dann bezahlst du Geld für eine Werbeanzeige, die nicht funktioniert.

Wie du eine Anzeige erstellst, die viral geht

Jetzt geht es los! Wenn du das schaffst, bist du der King!

Warum? Weil du bei einer Anzeige, die viral geht, viel mehr organischen Traffic als bezahlten Traffic über deine Werbeanzeige bekommst.

Okay, steigen wir etwas früher ein.

Was bedeutet es, wenn wir davon sprechen, dass eine Anzeige „viral“ geht?

Das heißt einfach erklärt, dass deine Anzeige durch viele Likes, Kommentare und häufiges Teilen, immer mehr Menschen erreicht, ohne dass du es beeinflussen kannst oder gar etwas dafür tust.

Du kannst dir das wie einen Schneeball vorstellen, der den Berg hinunter rollt. Er wird immer größer und immer schneller, ohne dass du etwas dafür machst.

Dadurch bekommst du auch immer mehr Traffic auf deine Website und immer noch mehr Likes, Shares und Kommentare auf deine Werbeanzeige, ohne dass du jemanden anbetteln musst, dass er es teilt und ohne, dass du dein Budget erhöhen musst.

Alles passiert organisch und aus deiner Sicht, automatisch.

Klingt natürlich alles super und wenn du das geschafft hast, dann ist es das tatsächlich auch. Ehrlicherweise muss ich dir aber natürlich auch sagen, dass das grundsätzlich, im Verhältnis, sehr selten passiert.

Schauen wir uns ein paar Themen an, mit welchen eine viral gehende Werbeanzeige aber durchaus möglich ist.

Tiere

Wir kennen sie alle: Die Katzenvideos! Süß, lustig und ansehbar, ohne dabei selbst denken zu müssen. Menschen lieben Welpen oder tollpatschige Tiere. Damit kannst du einen viralen Hit landen.

Babys

Menschen lieben nicht nur Tiere, sondern auch Babys. Auch hier ist wieder die Devise, je tollpatschiger und süßer, desto eher wird der Nutzer mit dem Video interagieren (liken, teilen, kommentieren).

Unfassbares

"WOW, wie macht der das?", "Ach du sch…, ist der Lebensmüde?". Wenn du dir das oder etwas Ähnliches denkst, dann kannst du dir sicher sein, dass dieses Video das Potential hat, ein Internethit zu werden.

Dinge, die uns faszinieren, möchten wir anderen Menschen zeigen. Frei nach dem Motto: „Schau dir das an, dass ist der Hammer!"

Unterbewusst möchten wir das jemandem zeigen, um selbst die Anerkennung dafür zu erhalten, dass man es dem anderen gezeigt hat. Ganz nach dem Motto: „Wow, danke, dass du mir dieses Video geschickt hast".

Deshalb teilen wir solche Videos und setzen unseren Senf unter das Video, dass derjenige krank ist und wir so etwas ja niemals machen würden oder könnten.

Neuheiten

Dinge, die uns bislang völlig fremd waren oder für unvorstellbar erschienen, haben auch das Potential viral zu gehen.

Als Beispiel könnten wir hier Videos von selbstfahrenden Autos, kabellosen Überwachsungskameras oder Selfie-Drohnen nehmen.

Der Grund, warum wir diese Beiträge teilen, bleibt immer der gleiche, wir möchten selbst Anerkennung dafür haben, aber wir teilen natürlich nur Beiträge, bei denen wir auch denken, dass wir die gewünschte Anerkennung erhalten.

Aus diesem Grund muss uns der Beitrag erst einmal selbst flashen, bevor wir in Erwägung ziehen, diesen unseren Freunden bei Facebook zu zeigen.

Ich habe dir nun vier Themen mit an die Hand gegeben, die sehr großes Potential für eine virale Werbeanzeige bieten.

Jetzt musst du natürlich versuchen, das mit deinem Produkt zu kombinieren.

Ein Katzenvideo zu posten, welches dann 4 Millionen Aufrufe hat, bringt dir grundsätzlich erst einmal relativ wenig, denn du möchtest ja Produkte verkaufen.

Wenn man schon etwas tiefer im Thema drin ist, könnte man nun den Plan verfolgen, dass man ein Video postet mit dem Ziel, dass es viral geht und anschließend zeigt man allen Menschen, die das Video angesehen haben, eine Retargeting Kampagne, mit dem zu verkaufenden Produkt.

Super Strategie, oder?

Würde das funktionieren?

Nein, würde es nicht!

Warum?

Ganz einfach. Dein Katzenklo, welches einen Bezug zu deinem Katzenvideo hätte, ist doch nur für Menschen interessant, die eine Katze haben oder?

Denkst du jeder, der das Video angesehen hat, weil er sich gerne über Katzen amüsiert, besitzt auch selbst eine?

Wenn du das machen möchtest, dann kannst du das tun, aber du musst deine Zielgruppe weiter einschränken.

Du könntest zum Beispiel eine Anzeige schalten und diese jedem zeigen, der dein Video mehr als 25% angesehen hat, aber zudem noch als Interesse „Katzenrettung" hat. Jemand, der sich für die Rettung von Katzen interessiert, hat vermutlich auch selbst eine oder mehrere Katzen.

Versuche immer die Zielgruppe so gut es geht einzuschränken.

Damit deine Werbeanzeige die Chance hat viral zu gehen, solltest du auf jeden Fall eine Videoanzeige erstellen. Mit Bildern ist das sehr schwierig, da brauchst du zum Beispiel ein topaktuelle und witzige Karikatur oder Ähnliches. Aber das ist wirklich sehr schwierig, deswegen rate ich dir auf jeden Fall zu einem Video.

Bei deinem Video ist es nicht grundsätzlich wichtig, dass es möglichst professionell ist. Home-made kann genauso oder je nach Thema möglicherweise sogar besser funktionieren.

Was natürlich schon wichtig ist, ist die Bild und Tonqualität, aber hier kannst du inzwischen mit jedem neueren Smartphone sehr gute Aufnahmen erzielen.

Wenn du einen Beitrag erstellst, den du später bewerben möchtest, dann kannst du entweder einen Link zu deinem Produkt in das Textfeld kopieren oder du wählst ein Produkt aus deinem Produktkatalog bei Facebook aus (den du vorher hochgeladen haben musst), um Produkte unter deinem Bild oder Video mit Bild, Preis und Titel anzuzeigen.

Die Klickraten bei Produkten unter dem Video sind wesentlich besser, als auf den Link im Textfeld.

Zusammenfassung für deine virale Anzeige:

- Achte beim Erstellen darauf, dass du in einem der vier angesprochenen Themen bist.
- Videos funktionieren meistens besser als Bilder.
- Wenn möglich, solltest du eine kleine Story in dein Video einbauen.
- Dein Video sollte nicht zu lange sein – maximal 5 Minuten, besser 3 oder sogar nur 1.
- Integriere am Ende, wenn möglich, einen Call to Action.
- Platziere einen Link im Text und / oder verlinke das Produkt unter dem Video.

Wenn du diese Punkte beachtest, hast du auf jeden Fall größere Chancen, eine Werbeanzeige zu erstellen, die viral gehen kann.

Nichtsdestotrotz brauchst du keine virale Anzeige, um mit Facebook Werbeanzeigen Erfolg zu haben. Natürlich ist es immer besser, wenn du möglichst viel organischen Traffic bekommst, da dich dieser nichts zusätzlich kostet, aber du brauchst keine Werbeanzeigen die Millionenfach geklickt, geliked und geteilt werden.

Wenn du einige Likes und Kommentare bekommst, dann reicht das in der Regel aus, um dennoch einen guten Relevanzfaktor zu erhalten und somit auch gute Klickpreise zu erlangen.

Es ist nicht wichtig, dass deine Anzeige viral geht, sondern es ist wichtig, dass deine Werbeanzeige zu dir, deinem Business und deiner Zielgruppe passt.

Ist das der Fall, dann kannst du sehr erfolgreiche Kampagnen, auch ohne viralen Effekt, erstellen.

Wie viel Budget brauche ich und was kann ich erwarten?

Ein wichtiger Punkt für Anfänger ist immer das Budget. Denn abgesehen davon, dass man natürlich so wenig wie möglich investieren möchte, um das Risiko möglichst klein zu halten, hat man als Anfänger oftmals auch gar keine Ahnung, wie viel Budget überhaupt nötig ist, um bei Facebook eine Werbeanzeige zu schalten.

In diesem Kapitel gebe ich dir nicht nur ein paar Budgetgrößen mit auf den Weg, sondern ich möchte dir zudem auch einen Ausblick geben, was du grundsätzlich für dein Geld erwarten kannst, damit du nicht mit total falschen Vorstellungen an die Sache herangehst.

Mindestbudget für Facebook Werbeanzeigen

Du kannst bei Facebook ab 1,00 Euro pro Tag eigene Werbeanzeigen schalten. Das ist natürlich nicht besonders viel, denn man sagt als Faustformel, dass du pro 1 Euro ungefähr 100 Menschen erreichst.

Wie viele Menschen du tatsächlich mit deiner Werbeanzeige erreichen wirst, hängt sehr stark von den Beitragsinteraktionen ab.

Wenn deine Werbeanzeige von anderen geliked, kommentiert oder sogar geteilt wird, dann erhältst du zu deiner bezahlten Reichweite auch eine organische Reichweite und dann kann es auch passieren, dass du mit deiner Werbeanzeige für 100 Euro über 200.000 Menschen erreichst.

Natürlich ist es immer unser Ziel, dass die Anzeige möglichst viral geht und sich somit verselbstständigt, aber davon kannst du beim Erstellen noch nicht ausgehen.

Ich persönlich teste jede Anzeigengruppe immer mit 5 Euro. Dies mache ich mindestens eine Woche und schaue mir dann die Zahlen an. Bei Conversion-Kampagnen sollte man eher zwei Wochen testen, da Käufe auch erst einige Tage nach dem ersten Klick auf die Werbeanzeige zu Stande kommen können.

Welche Kennzahlen sind wichtig und welche Kenngrößen sollten diese haben?

Bitte nimm diesen Abschnitt nicht für bare Münze. Ich habe mir lange überlegt, ob ich ihn überhaupt in dieses Buch einfügen soll, denn diese Zahlen, die ich dir nachfolgend nenne, können wirklich von Branche zu Branche komplett unterschiedlich sein.

Das wichtigste ist immer, dass unter dem Strich mehr herauskommt, als du hineingesteckt hast.

Nichtsdestotrotz wollte ich dir einfach mal ein paar Hausnummern mit auf den Weg geben. Wie gesagt, die Zahlen können in deiner Branche stark von meinen Größen abweichen. Es geht nur darum, dass du überhaupt einmal eine Vorstellung davon bekommst.

Beitragsinteraktion: 0,0001 – 0,30 Euro

Click Through Rate: 1 – 20%

Kauf: 10 – 100 Euro (Stark produktabhängig!!!)

Lead: 1 – 5 Euro

CPC – Alle: 0,05 – 0,35 Euro

CPC – Link: 0,05 – 0,50 Euro

CPC – Button: 0,05 – 0,50 Euro

Wie gesagt, nimm die Zahlen nicht zu ernst. Ich wollte dir damit nur einen groben Rahmen mit an die Hand geben, in welchem du in den meisten Fällen, wenn du dich dazwischen befindest, in einem normalen Bereich liegst.

Anzeigen skalieren – Was bedeutet das?

Jeder spricht immer davon, dass PPC so toll ist, da man damit seine Werbeanzeigen skalieren kann. Abgesehen davon, dass die wenigsten es wirklich schaffen, skalierbare Anzeigen zu erstellen, möchte ich dir nun erklären, was es mit diesem Wort „skalierbar“ tatsächlich auf sich hat und wie du davon profitieren kannst.

Wenn davon gesprochen wird, dass man eine Werbeanzeige skaliert, dann bedeutet das grundsätzlich eigentlich nur, dass man das Budget erhöht.

Diese Tat allein wäre jedoch etwas zusammenhangslos, denn um das Werbebudget zu erhöhen, benötige ich ein paar Daten, die mir sagen, dass es sich für mich auch lohnen kann, das Budget heraufzusetzen.

Die wichtigste Kennzahl ist hier nicht die Click Through Rate, der Klickpreis oder irgendetwas anderes. Hier ist einzig und allein wichtig, wie viel Gewinn du mit dieser Werbeanzeige erzielst.

Machen wir ein Beispiel:

Du gibst 1 Euro aus und erzielst mit diesem Euro einen Gewinn von 2 Euro. Achtung, ich meine hier wirklich Gewinn, nicht Umsatz!

Wenn das nach dem sehr einfach dargestellten Schema, 1 Euro rein, 2 Euro raus, funktioniert, dann hast du eine Werbeanzeige, die du skalieren kannst.

Skalieren bedeutet in diesen Fall, dass du jetzt 10 Euro investierst und somit jetzt auch 20 Euro Gewinn machst.

Wenn das auch noch funktioniert, dann erhöhst du das Budget zum Beispiel auf 100 Euro und machst 200 Euro Gewinn.

Skalieren kannst du das Ganze jetzt bis du deine Zielgruppe ausgeschöpft hast, also gut und gerne auch 1.000 Euro pro Tag, wenn du damit 2.000 Euro Gewinn erzielst.

Ein Tipp an dieser Stelle noch von mir.

Wenn du das Budget erhöhst, erhöhe nicht von 5 auf 500 Euro pro Tag, denn je weniger Budget du hast, desto mehr strengt sich Facebook an, deine Werbeanzeige an die passenden Personen auszuspielen.

Möglicherweise lohnt sich deine Skalierung ab 100 Euro schon gar nicht mehr, dann würdest du mit deinen 500 Euro nur viel Geld in kurzer Zeit verbrennen. Deshalb solltest du deine Werbeanzeige immer Schritt für Schritt steigern.

Also bedeutet skalieren, dass du das Werbebudget deiner Anzeige sukzessive steigerst, sobald du eine profitable Werbeanzeige geschaffen hast und so lange erhöhst, bis ein Punkt kommt, an dem es sich nicht mehr lohnt.

Dann gibt es die Möglichkeit, dass du das Werbebudget wieder etwas reduzierst oder die Kampagne abschalten musst.

Praxisbeispiele: Facebook Werbeanzeigen

Dieser Teil des Buches ist ein bisschen Tricky, da ich dir unbedingt gerne einige Beispiele aus meinen eigenen Erfahrungen hier mit einbinden wollte, aber ich natürlich keine Kundendaten rausgeben darf.

Ich versuche dir aber so gut es geht einen Einblick in einige meiner Kampagnen zu geben, ohne dabei Namen oder sensible Daten zu nennen. Ich hoffe du verstehst das.

Lead: Landwirtschaft

Für einen Kunden, der Bauten im Bereich Landwirtschaft vertreibt, haben wir eine Kampagne zur Leadgenerierung geschaltet.

Wir haben ein Screencast-Video erstellt, welches die Landing Page zeigt, auf die der Kunde nach dem Klick auf die Anzeige kommt. Dort ist ein Konfigurator für den Bau eingebunden und unten ein Formular mit bitte um Kontaktaufnahme.

Wir konnten mit rund 200 Euro Werbeausgaben innerhalb von 4 Wochen 25 Angebote mit einem Angebotsvolumen von über 700.000 Euro erstellen. Das sind lediglich 8 Euro pro qualifizierten Lead für ein Produkt das 10.000 – 100.000 Euro kostet.

Direkter Produktverkauf: Gold & Silber

Für einen Kunden im Gold & Silber Markt habe ich eine direkte Verkaufskampagne erstellt. Wie im Buch bereits geschrieben ist ein Produkt direkt zu verkaufen das wirklich Schwerste.

Dennoch haben wir innerhalb von 4 Wochen mit einem geringen Budget von weniger als 500 Euro einen Umsatz von knapp 12.100 Euro erzielt. Die Kosten pro Kunde liegen bei circa 15 Euro auf mehrere Anzeigengruppen verteilt.

Wichtig bei Onlineshops ist es immer zu bedenken, dass man den Customer Lifetime Value und nicht nur den ersten Verkauf sieht, auch wenn das hier schon sehr gut war. ☺

Lead: Facebook Videokurs

Vielleicht bist auch du dabei? Ich habe eine Kampagne zur Leadgenerierung gestartet. Mein Lead-Magnet ist ein vierteiliger Kurs zum Thema Facebook Werbeanzeigen. Der Inhalt ist wirklich sehr hochwertig und die Leute sind begeistert!

In 5 Wochen habe ich mit etwas über 200 Euro 206 Leads generiert, was ungefähr einem Euro pro Lead entspricht und damit sehr niedrig ist.

Beitrags-Interaktionen: Dropshipping Hundespielzeug

Für ein Dropshipping Projekt habe ich Page Post Engagements Kampagnen geschaltet. Es wurde ein großer Tennisball für Yorkshire Terrier mit einem Video beworben.

Mit lediglich 23,93 Euro habe ich 239.906 Menschen erreicht und damit 94.794 Beitragsinteraktionen (Videoviews, Kommentare, Likes, Shares usw.) erzielt. Die Kosten pro Beitragsinteraktion lagen bei 0,0003 Euro.

Ich könnte dir viele weitere Beispiele aufzeigen, aber mir war es wichtig, dir einmal einen kleinen Einblick in meine Ergebnisse zu liefern, da es inzwischen viele selbsternannte Experten zum Thema Facebook Werbeanzeigen gibt, aber die wenigsten wirklich gute Ergebnisse oder gar Erfahrung in dem Bereich vorzuweisen haben.

Erfahrungen sind mit das wichtigste bei der Erstellung von Facebook Werbeanzeigen und wenn du, wie ich, viele verschiedene Anzeigen in den unterschiedlichsten Bereichen entwickelt und getestet hast, dann wird deine Trefferquote für eine gute Werbeanzeige mit der Zeit immer besser.

Wichtig ist, dass du anfängst! Du brauchst nicht viel Budget, um zu starten. Skalieren und der ganze andere Käse kommt erst viel später. Starte mit deiner ersten Anzeige sobald du kannst! Lege dir dieses Buchen neben hin und gehe alles Schritt für Schritt durch!

Glaube mir, das wird dir sehr viel Lehrgeld ersparen, wenn du mit diesem Buch arbeitest. Wenn du aber nie damit anfängst, dann verpasst du eine gute Werbechance.

Du wirst nicht von Anfang an die gleichen Ergebnisse wie ich haben, aber du wirst immer besser werden, wenn du dran bleibst und darum geht es.

Im nächsten Kapitel zeige ich dir verschiedene Strategien von mir, die du nachmachen kannst.

Meine Strategie zur Lead Generierung

Leads über Facebook Werbeanzeigen zu generieren ist eigentlich nicht schwer, was jedoch schwer ist, ist möglichst günstige Leads zu generieren.

Aber was sind eigentlich günstige Leads? Nun, ich mache das immer abhängig von Referenzwerten, aber vor allem vom Gewinn, der am Schluss übrig bleibt.

Wenn ich 50 Euro für einen Lead und 500 Euro für einen Sale bezahle, aber am Ende 5000 Euro Gewinn übrig bleiben, dann habe ich keinen Schmerz mit diesen Zahlen.

Wenn ich jedoch 10 Euro für einen Lead und 100 Euro für einen Sale bezahle, aber insgesamt nur 70 Euro verdiene, dann mache ich mit dieser Strategie 30 Euro Minus und das sollte nicht sein. (Wir vergessen hier jetzt mal Upsells usw.).

Also ist erstmal ein günstiger Lead ein Lead, der dich grundsätzlich weniger Kostet, als du mit ihm verdienst.

Um dir hier noch zumindest eine Hausnummer mit auf den Weg zu geben, kann ich dir sagen, dass sich E-Mail Leads meist zwischen einem und zehn Euro bewegen. Ein bis fünf Euro, die du pro E-Mail Adresse bezahlen musst, ist hier die Regel.

Nimm das aber bitte hier nicht zu ernst, denn in deiner Branche, mit deinem Angebot, kann das auch anders sein. Ich wollte dir damit nur eine ungefähre Richtung mit an die Hand geben, weil es mich selbst immer nervt, wenn andere etwas erzählen, aber man selbst gar keine Ahnung hat, in welchen Größenordnungen sich das überhaupt bewegt.

Also, was brauchst du jetzt um Leads zu generieren?

Ganz klar, du brauchst einen Lead-Magneten!

Das kann ein kostenloses E-Book, ein Videokurs, ein Hörbuch, ein E-Mailkurs, versandkostenfreie Lieferung oder auch ein Gutschein für deinen Onlineshop sein.

Du musst dem Nutzer irgendeinen Grund geben, warum er dir seine E-Mail Adresse geben sollte. Niemand gibt freiwillig etwas her und mit der Herausgabe einer E-Mail Adresse gibt der Nutzer ein Stück seiner Anonymität im Internet auf.

Es ist tatsächlich nicht so einfach, die E-Mail Adresse des Nutzers zu bekommen. Deine Wahrscheinlichkeit darauf steigt jedoch enorm, wenn du ihm etwas bietest, das er unbedingt haben möchte.

Versetze dich also in die Lage deiner Zielgruppe und überlege, was die Menschen unbedingt haben wollen und wofür sie bereit sind, dir ihre E-Mail Adresse zu geben.

Ich persönlich arbeite an dieser Stelle immer gerne mit kurzen Videokursen zu einem sehr spezifischen Thema. 3 – 4 Videos á 10 - 15 Minuten sind hier völlig ausreichend.

Wenn du deinen Lead-Magneten erstellt hast, dann ist der Rest jetzt gar nicht mehr so schwer, denn du hast das Wissen ja bereits in diesem Buch komplett von mir an die Hand bekommen.

Es gibt hier nun zwei Möglichkeiten eine Lead-Kampagne zu schalten. Entweder du wählst Conversion als Kampagnenziel aus, leitest die Menschen auf deine Website und versuchst dort mit einem Opt-In Formular die E-Mail Adresse zu bekommen oder du gehst direkt über eine Lead Kampagne bei Facebook.

Der Vorteil der Lead Kampagne bei Facebook ist, dass du zum einen keine Spam Adressen bekommst, sondern die, mit der die Menschen bei Facebook registriert sind. Zum anderen bekommst du wesentlich mehr Adressen, da das für den Nutzer viel einfacher geht und der direktere Weg ist.

Der Nachteil ist jedoch, dass du deine E-Mail Marketing Software über einen Drittanbieter, wie zum Beispiel Zapier kostenpflichtig verknüpfen musst, damit die Leads automatisch in deiner Software drin sind. Darüber hinaus bist du verpflichtet, deinen durch Facebook gewonnenen Leads eine Bestätigungsmail zu senden (Double Opt-In), in welcher Sie durch einen Klick auf den Link in der E-Mail bestätigen müssen, dass du Ihnen wirklich Nachrichten zusenden darfst.

Das bedeutet für dich Zusatzkosten von circa 20 Euro pro Monat und rund 30% weniger Eintragungsrate, da viele Ihre E-Mail Adresse nicht bestätigen werden.

Das klingt jetzt alles sehr negativ, aber ich möchte dir immer von vorne bis hinten alles offen darlegen und dir nicht nur die halbe Wahrheit erzählen.

Ich persönlich arbeite ebenfalls mit diesem System, da ich meine Leads inzwischen meistens direkt über das Lead Formular bei Facebook generiere, da die Eintragungsraten einfach höher sind und vor allem ist die Qualität der E-Mail Adressen besser.

Zusammengefasst kann man sagen, dass es eigentlich einfach ist günstige Leads zu generieren, du musst deiner Zielgruppe nur irgendetwas geben, das sie unbedingt haben möchte.

Herausfinden kannst du das, indem du testest, was gut ankommt. Erstelle mehrere Lead-Magneten und teste diese in verschiedenen Werbeanzeigen. Nicht immer ist der, der dir am meisten Arbeit macht, auch der, der am besten funktioniert.

Meine Strategie, um direkt Produkte zu verkaufen

In diesem Kapitel sprechen wir von der absoluten Königsdisziplin im Online Marketing. Einem Kunden sofort etwas zu verkaufen, ohne, dass wir zuvor Vertrauen aufgebaut haben und ohne, dass er uns kennt ist wirklich nicht leicht.

Du brauchst dazu zwei Werkzeuge:

Eine perfekte Werbekampagne bei Facebook und eine perfekte Landing Page.

Obwohl es natürlich zur Landing Page sehr viel zu sagen gibt, muss ich diese an der Stelle einmal außen vor lassen, da sich dieses Buch um Facebook Werbeanzeigen dreht und man mit der Thematik „Verkaufen über Landing Pages“ noch einmal ein eigenes Buch füllen könnte.

Wenn du lernen möchtest, wie du hochprofitable Landing Pages erstellen kannst, dann kann ich dir nur empfehlen meiner geheimen Insidergruppe bei Facebook beizutreten.

Wie du dorthin kommst, erfährst du hier:

http://benschneider.biz/insidergruppe

Also konzentrieren wir uns auf deine Werbeanzeige bei Facebook, mit der du das Ziel hast, direkt einen Verkauf zu erzielen.

Es ist nicht so, als ob das nicht funktionieren würde. Ich selbst wende diese Taktik bei mir jedoch sehr selten an, da ich eigentlich immer den Weg über ein Vertrauen aufbauendes Tool, wie zum Beispiel einen Videokurs, gehe.

Ich gebe den Menschen gerne etwas, bevor ich etwas nehme.

Hier sollte man meiner Meinung nach auch sehr stark unterschieden, um was für ein Produkt es sich handelt und welchen grundsätzlichen Bekanntheitsgrad du mit deinem Unternehmen hast.

Betreibst du einen Onlineshop, dann ist es meiner Erfahrung nach einfacher direkt Produkte zu verkaufen, als wenn du ein Dienstleister bist.

Schauen wir uns aber beide Möglichkeiten einmal genauer an.

Du bist ein Dienstleister

Du solltest auf jeden Fall mit einer Videoanzeige arbeiten. Mit einem Video hast du die Chance, den User bei Facebook durch dein Auftreten und deine Präsenz dazu zu bringen, dir zuzuhören und eventuell sogar auf deine Werbeanzeige zu klicken, um zu deiner Landing Page zu gelangen.

Achte darauf, dass das Video nicht zu lange ist, aber dennoch einige Informationen beinhaltet.

Du solltest dem Kunden kurz erzählen, warum genau DU die beste Wahl für ihn bist und wem du bereits alles mit deiner Dienstleistung weitergeholfen hast.

Dadurch hast du deinen Expertenstatus dem User gegenüber gefestigt. Darüber hinaus solltest du ihm erklären, welche Vorteile deine Dienstleistung für ihn hat und warum es für ihn eine nachhaltig schlechte Entscheidung wäre, wenn er jetzt nicht auf deine Landing Page klickt.

Arbeite, wie bereits in anderen Kapiteln angesprochen, mit Sonderzeichen und Smileys. Achte darauf, dass du mit der Anzeige die Aufmerksamkeit des Users erhältst und zeige Vorteile im Textbereich auf.

Gerade im Dienstleistungsbereich ist es noch schwerer direkte Verkäufe zu generieren, als mit einem Onlineshop, deshalb rate ich dir, egal ob Anfänger oder Profi, dass du dich nicht darauf versteifst, dass dieser Weg der Beste für dich ist. Die Variante über den vorherigen Vertrauensaufbau und die erneute Ansprache über Retargeting funktioniert einfacher und in der Regel bei Dienstleistern besser. Wie das funktioniert, erkläre ich dir ausführlich im nächsten Kapitel.

Du betreibst einen Onlineshop

Onlineshop-Betreiber haben es mit dem direkten Produktverkauf durch Facebook Werbeanzeigen etwas einfacher.

Das liegt daran, dass ein ordentlich aussehender Onlineshop grundsätzlich schon als vertrauenserweckender angesehen wird, als eine reine Unternehmensseite oder eine Landing Page.

Über einen Onlineshop kannst du auf zwei Arten verkaufen.

Variante 1 – Du leitest den Kunden von Facebook auf die Produktdetailseite.

Variante 2 – Du hast vorher eine eigene Landing Page erstellt und leitest den Nutzer darauf.

Damit deine Werbeanzeige das Interesse des Nutzers bei Facebook weckt, kannst du auch hier mit einem Video agieren.

Videos funktionieren grundsätzlich gesehen besser als Bilder, wobei natürlich auch hier Ausnahmen die Regel bestätigen.

Wenn du beispielsweise ein Video von einem Produkt machst, das es im Einsatz zeigt, dann kann sich der Nutzer das Produkt besser vorstellen, als wenn er nur ein Bild davon mit weißem Hintergrund sieht.

Du hast für deine Videos drei Möglichkeiten:

- **Produktvideo:** Zeigt das Produkt von allen Seiten.
- **Tutorial:** Darin zeigst du deinen Interessenten, wie man das Produkt verwendet, zusammenbaut oder einrichtet.
- **Produkt im Einsatz:** Hier kannst du zeigen, wie sich das Produkt im Einsatz verhält oder welche verschiedenen Einsatzmöglichkeiten der Kunde damit haben wird. Damit nimmst du ihm das Denken ab.

Achte bei allen Videos darauf, dass das Video nicht zu lange ist. Wir sind nicht bei YouTube. Für Facebook und gerade für Werbeanzeigen sollte das Video nicht länger als eine Minute, maximal zwei Minuten sein, aber dann muss das Video wirklich spannend sein, damit der Nutzer zusieht.

Hast du eine geringe View Time bei deiner Werbeanzeige sinkt dein Relevanzfaktor. Bei einem niedrigen Relevanzfaktor (geringer als 7), wird deine Werbeanzeige nicht so gut ausgespielt und zudem teurer als gewünscht.

Videoanzeigen sind sehr gut, aber dabei ist es auch sehr wichtig, dass dein Video spannend gestaltet ist, so dass die Nutzer aus deiner Zielgruppe das Video möglichst lange ansehen.

Du kannst Vorteile des Produktes entweder selbst vor der Kamera sagen, wenn du das Produkt zeigst oder du lässt die Vorteile per Text einblenden.

Stelle immer Vorteile heraus und verzichte weitestgehend auf Merkmale beim Verkauf. Menschen kaufen Ergebnisse, keine Features.

Vorteile, wie aber auch ein bis zwei Merkmale, kannst du im Textbereich herausstellen, wenn Merkmale für den Kauf des Produkts wichtig sind.

Wenn möglich, weise den Zuschauer im Video darauf hin, dass er auf den Button klicken muss, um zu dem Produkt zu gelangen.

Werbung mit einem Produktbild

Wenn du dein Produkt nur mit einem Bild bewerben möchtest, dann nehme bitte nicht einfach das Produktbild und lade es bei Facebook hoch.

Zeige dein Produkt in Aktion!

Wenn du zum Beispiel einen Hut verkaufst, dann zeige nicht den Hut mit einem weißen Hintergrund, sondern verwende ein Bild, auf dem ein junges Mädchen lacht und den Hut dabei trägt. Damit transportierst du Emotionen und Menschen kaufen durch Emotionen.

Du kannst auch dein Anzeigenbild in Photoshop bearbeiten, indem du zum Beispiel das Produkt von vorne und von hinten zeigst oder das Bild mit Schrift versiehst.

Du solltest nur bedenken, dass der Schriftanteil so gering wie möglich sein muss, da du sonst Reichweite bei der Auslieferung von Facebook verlierst.

Maximal 20% des Bildes dürfen mit Schrift belegt sein, aber nach Möglichkeit sollte es weniger sein. Dennoch musst du nicht ganz darauf verzichten.

Ein Button im Bild mit einer Aufschrift, wie beispielsweise „Zum Produkt“ oder „Hier klicken“ kann helfen, die CTR (Click Through Rate) zu steigern und damit auch den Relevanzfaktor deiner Werbeanzeige zu erhöhen.

Meine Strategie für professionelles Retargeting

Ich denke, du weißt inzwischen, dass Retargeting ein Begriff für das erneute Ansprechen einer Person ist, die bereits mit dir in Kontakt kam.

Damit es wirklich klar ist, mache ich dir dazu noch einmal ein Beispiel.

Jemand besucht in deinem Onlineshop die Kategorie „Haushaltsartikel" und du schaltest jetzt auf Facebook eine Werbekampagne, die nur den Menschen angezeigt wird, die auf deiner Website die Kategorie „Haushaltsartikel" besucht haben.

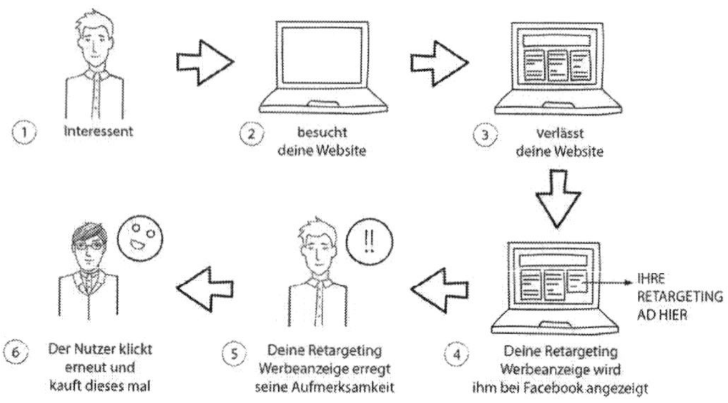

Möglich wird diese durch das Facebook Pixel, welches natürlich auf deiner Website eingebunden werden muss.

Man kann aber auch Facebook-Interne Retargeting Kampagnen schalten.

Zum Beispiel auf jeden, der deinen Beitrag geliked oder dein Video länger als 25% angesehen hat.

Hier gibt es einige Möglichkeiten, aber mir ist wichtig, dass du das Prinzip wirklich verstanden hast.

Wann macht es Sinn Retargeting Ads zu schalten?

Diese Strategie macht immer dann Sinn, wenn du jemandem, der bereits mit deiner Seite oder deinem Produkt in Berührung gekommen ist, aber nicht gekauft hat, erneut von deinem Angebot überzeugen möchtest.

Also macht es eigentlich immer Sinn, da nie alle Besucher sofort kaufen werden.

Darüber hinaus ist Retargeting auch sinnvoll, wenn jemand ein Produkt von dir gekauft hat und du diesem Kunden nun weitere Produkte verkaufen möchtest, um den Customer Lifetime Value zu steigern.

Auch in diesem Fall solltest du Retargeting Kampagnen schalten, solange du Produkte hast, die der Kunde noch nicht gekauft hat.

Hier habe ich dir einige Beispiele aufgelistet, bei denen du Retargeting Ads schalten solltest:

- Warenkorbabbrecher
- Video Views
- Kaufvorgang gestartet, aber nicht zu Ende geführt
- Leads
- Websitebesucher

Auch bei normalen Besuchern einer speziellen Kategorie oder von einem bestimmten Produkt kann es sinnvoll sein, Retargeting Ads gezielt zu schalten. Die meisten Onlineshops schalten in der Regel grundsätzlich Retargeting Werbeanzeigen auf alle Besucher.

Machen wir dazu einige Beispiele, dass du einen Leitfaden hast, den du für dein Business kopieren kannst.

In den folgenden Beispielen gehe ich davon aus, dass du keinerlei Reichweite hast und deinen gesamten Traffic über Facebook Werbeanzeigen erhältst. Selbstverständlich kannst du auch Beiträge einfach auf deiner Fan Page posten, ein YouTube Video erstellen oder einen Newsletter versenden um Traffic auf deine Website zu bekommen.

Beispiel für Dienstleister

Wir nehmen für dieses Beispiel an, dass du ein Berater bist, der Tickets für ein Seminar verkaufen möchte.

Die meisten würden jetzt eine Werbeanzeige für die Seminartickets erstellen und versuchen, diese so zu verkaufen.

Aber warum sollte jemand 500 Euro oder mehr bezahlen, ohne, dass er dich kennt oder du ihn von dir überzeugt hast?

Ich würde dir empfehlen, dass du zuerst einen Blogartikel über das Thema deines Seminars schreibst.

Achte darauf, dass du wirklich wertvolles Wissen in den Blogartikel einbaust, denn du möchtest mit diesem Blogbeitrag das Vertrauen des Besuchers gewinnen. Dein Ziel ist es, ihn von dir zu überzeugen.

Da du auf deinem Blog das Facebook Pixel installiert hast, kannst du nun jedem, der auf diesem Blogartikel war, bei Facebook eine Retargeting Kampagne anzeigen, in der du zum Beispiel ein E-Book oder einen kostenlosen Videokurs im Tausch gegen seine E-Mail Adresse anbietest. Hier sind wir im Schritt der Leadgenerierung.

Du kannst übrigens auch mit dem Schritt der Leadgenerierung anfangen, aber oftmals macht es bei unbekannten Experten mehr Sinn, zuerst mit einem

Blogartikel zu starten, so ist die erste Kontaktaufnahme etwas sanfter.

Wir haben hier jetzt die erste Retargeting Kampagne geschalten. Es werden aber noch weitere folgen.

Du hast nun die E-Mail Adresse des Kunden und du hast ihn durch das Facebook Pixel getaggt.

Nun solltest du ihm zudem auch per E-Mail Marketing bespielen, aber darum soll es hier jetzt nicht gehen.

Bei Facebook zeigst du nun allen, die Ihre E-Mail Adresse eingegeben und sich deinen Lead Magneten (= kostenloses Produkt) geholt haben, eine Werbeanzeige, die ein günstiges Produkt von dir bewirbt.

Das könnte beispielsweise ein Buch, ein Hörbuch oder ein Videokurs sein, wobei dieses Produkt nicht teurer als 20 Euro sein sollte.

Jetzt kommt der spannendere Teil.

Für alle, die auf die Anzeige geklickt, aber dein Buch nicht gekauft haben, erstellst du eine Retargeting Kampagne, die Ihnen noch einmal die Vorteile deines Buchs aufzeigt.

Für alle, die dein Buch gekauft haben, erstellst du eine Kampagne, die ein weiteres Produkt, zum Beispiel ein günstiges Coaching oder einen Videokurs, anbietet.

Auch hier erstellst du danach wieder eine Retargeting Kampagne für alle, die gekauft und für alle, die nicht gekauft haben.

Jedem, der dein letztes Produkt gekauft hat, zeigst du eine Anzeige mit deinem Seminar an. Allen anderen zeigst du wieder eine Anzeige mit den Vorteilen zum deinem Produkt an.

Warum durchlaufen wir diesen Prozess mit vielen kleinen Schritten, günstigen Produkten und Retargeting Kampagnen?

Ganz einfach, weil dein 500 Euro Seminarticket ohne vorherigen Vertrauensaufbau kein Mensch kauft.

Du gehst ja auch nicht zu einem ersten Date und fragst die Frau sofort, ob sie dich heiraten möchte, oder?

In diesem Fall ist es das gleiche Prinzip. Wir müssen uns erst das Vertrauen des Interessenten erarbeiten, damit wir ihn zu einem Kunden machen können.

Beispiel für Onlineshops

Wenn du einen Onlineshop hast, dann ist die Retargeting-Strategie eine andere, denn hier hast du es mit anderen Interessenten / Kunden zu tun und hier hast du auch andere Möglichkeiten.

Mit einem in einem Onlineshop korrekt eingebundenen Facebook Pixel sehen wir genau, ob jemand nur eine Seite besucht oder etwas in den Einkaufswagen gelegt oder den Kaufprozess gestartet oder wirklich gekauft hat.

Das sind wirklich sehr wichtige Informationen für unsere Retargeting Kampagnen.

Warum?

Weil wir durch diese verschiedenen Events auch die Interessenten unterschiedlich ansprechen können.

Fangen wir von hinten nach vorne an.

Kaufprozess gestartet, aber nicht gekauft

Jemandem, der den Kaufprozess gestartet und dann abgebrochen hat, der ist 9 von 10 Schritte gegangen. Warum aber den zehnten nicht?

Vielleicht hatte er Bedenken wegen der Zahlungsarten oder ihm waren die Versandkosten zu teuer oder er hatte vielleicht doch noch nicht genug Vertrauen, ob unser Onlineshop der richtige für seinen Kauf ist.

Also können wir jetzt jedem, der zwar den Kaufvorgang gestartet, aber nicht zu Ende geführt hat, eine Retargeting

Werbung anzeigen, in welcher wir ihm die Vorteile unseres Onlineshops aufzeigen.

Zudem sollte man hier eine weitere Kampagne schalten, in welcher man den Interessenten einfach darauf hinweist, „Hey, du hast deinen Kauf bei uns nicht abgeschlossen. Schließe jetzt ab, damit wir dir deine Artikel zusenden können."

Und als drittes würde ich hier noch eine weitere Anzeige schalten, in welcher ich eine X% Rabattgutschein oder eine versandkostenfreie Lieferung bewerbe.

Anschließend schauen wir nach ein paar Tagen, welche Anzeige am besten funktioniert hat. Auf welche Anzeige haben die Menschen geklickt und bei welcher haben Sie am meisten gekauft, beziehungsweise Ihren Kauf doch noch abgeschlossen.

Produkte in den Warenkorb gelegt, aber nicht gekauft

Was könnte jetzt das Problem bei Warenkorbabbrechern gewesen sein? Warum haben sie nicht gekauft?

Tatsächlich ist es so, dass Besucher in Onlineshops oftmals einfach etwas in den Warenkorb legen, um es nicht zu vergessen oder um zu sehen, wie hoch die Versandkosten sein werden.

Diejenigen, die etwas in den Warenkorb legen, sind auf jeden Fall Interessenten, aber diese sind nicht unbedingt so heißer Traffic, wie diejenigen, die den Kaufprozess gestartet, aber nicht abgeschlossen haben.

Trotzdem lohnen sich hier Retargeting Kampagnen enorm.

Wie sollten diese nun aussehen?

Wieder versetzen wir uns in die Lage des Interessenten. Was könnte ihn abgehalten haben weiter zu gehen?

Natürlich könnte Vertrauen fehlen. Also erstellen wir eine Werbeanzeige, in welcher wir die Vorteile eines Kaufs in unserem Onlineshop herausstellen. Das kann natürlich die gleiche Anzeige sein, die wir bereits bei den Kaufabbrechern verwendet haben.

Zusätzlich würde ich auch hier eine Werbeanzeige mit einem Gutschein oder kostenfreien Versand erstellen.

Darüber hinaus würde ich aber auch noch eine Anzeige erstellen, die auf einen Blogartikel zum Thema leitet, denn möglicherweise war der Kunde auch vom Produkt oder von der Thematik an sich noch nicht ganz überzeugt.

Auch hier testen wir wieder und schauen, welche Werbeanzeige am besten funktioniert. Haben wir einen klaren Sieger gefunden, schalten wir die anderen Anzeigen ab.

Retargeting auf Seitenbesucher

Wie bereits angesprochen schalten die Betreiber von Onlineshops eigentlich grundsätzlich Retargeting Ads auf jeden, der den Onlineshop besucht hat.

Das kannst du entweder mit Dynamic Ads machen oder mit normalen Werbeanzeigen, in welchen du zum Beispiel ein Angebot präsentierst.

Dynamic Ads haben den Vorteil, dass du dem Kunden das Produkt bei Facebook anzeigst, welches er sich gerade im Onlineshop angesehen hat. So wird er noch einmal an das Produkt erinnert und kann direkt auf das Produkt in der Werbeanzeige klicken.

Du musst hierfür einmal deinen Produktkatalog bei Facebook hochladen und dann die Retargeting Ad mit deinem Produktkatalog anlegen. Facebook spielt dann automatisch den Interessenten das richtige Produkt in der Werbeanzeige aus.

In einer normalen Anzeige könntest du beispielsweise ein besonderes Angebot deines Onlineshops herausstellen. Das macht allerdings nur Sinn, wenn du dich mit deinem Onlineshop auf ein Thema spezialisiert hast. Unterhältst du einen Onlineshop, in welchem du Unterwäsche sowie Akkuschrauber verkaufst, macht diese Art von Werbung keinen Sinn.

Du kannst jedoch auch Retargeting auf Besucher einzelner Kategorien schalten. Dadurch hast du die Möglichkeit, allen Besuchern der Kategorie Unterwäsche ein besonderes Unterwäsche Angebot anzuzeigen und allen Besuchern der Kategorie Akkuschrauber zeigst du eben ein Akkuschrauber-Set an.

Das kannst du übrigens auch zusätzlich zu Dynamic Retargeting Ads machen. So zeigst du dem Interessenten einmal das Produkt, welches er sich angesehen hat, und zum anderen zeigst du ihm ein besonderes Angebot in deinem Onlineshop.

Das kann in Kombination sehr gut funktionieren.

Teste, Teste, Teste!

Du hast in diesem Buch nun alles gelernt, was du über Facebook Werbeanzeigen derzeit wissen musst. Theoretisch hast du jetzt das nötige Wissen, um Anzeigen wie die Profis zu schalten.

Aber jetzt muss ich dir zum Schluss doch leider erzählen, dass auch wir nicht einfach Anzeigen schalten, die durch die Decke gehen.

Ja, unsere Quote ist mit Sicherheit besser als bei Anfängern und ja, unsere Anzeigen sind durch Wissen und Erfahrungen darauf ausgerichtet durch die Decke zu gehen, aber dennoch bin ich immer ehrlich zu meiner Community und meinen Kunden und die Wahrheit beinhaltet eben auch, dass auch wir testen müssen.

Natürlich gibt es Anzeigen, die auf Anhieb durch die Decke gehen. Nichtsdestotrotz ist dieses Kapitel ein sehr wichtiges für dich.

Wenn du Werbeanzeigen bei Facebook erstellst, dann solltest du immer mehrere erstellen. Teste verschiedene Bilder und Videos. Teste verschiedene Kampagnenziele und Anzeigengruppen. Jede Zielgruppe reagiert anders, du kannst aber vorher nicht wissen, welche wie gut auf welches Bild oder Video reagieren wird.

Du kannst nicht nur verschiedene Bilder, Videos und Zielgruppen testen, sondern auch verschiedene Angebote.

Vielleicht wird ein Produkt für 19,90 Euro viel öfter geklickt und gekauft als für 9,90 Euro. Das weißt du aber nicht, bevor du es nicht getestet hast.

Achte aber immer darauf, dass du deine Tests nicht zu früh abbrichst. Meine Strategie ist immer mit 5 Euro mindestens 7 Tage lang zu testen. Ich beobachte die Anzeigen natürlich täglich, aber greife frühestens nach sieben Tagen ein.

Die Anzeigen brauchen manchmal etwas Zeit, um sich einzupendeln und deshalb kannst du durchaus nach sechs Tagen bessere Ergebnisse als nach zwei Tagen haben.

Zudem solltest du bei Conversion Kampagnen darauf achten, ob und wie viele Verkäufe generiert wurden.

Die besten Zahlen helfen dir nichts, wenn die Verkäufe fehlen.

Bei Conversion Kampagnen kannst du das Conversion-Fenster einstellen. Ich stelle immer 7 Tage nach Klick ein. Das macht im E-Commerce absolut Sinn, da sich viele Käufer erst nach mehreren Kontakten zu einem Kauf entscheiden.

Wenn du jetzt sieben Tage eingestellt hast, die Kampagne aber nach sieben Tage wieder abschaltest, dann hättest du nur die getrackt, die entweder sofort oder zumindest innerhalb dieser sieben Tage gekauft haben.

Deshalb kannst du Conversion Kampagnen schon nach sieben Tagen abschalten, wenn keine Verkäufe zu Stande kamen, aber du solltest sie dennoch eine Woche weiterhin beobachten.

Stellst du dann fest, dass es doch Verkäufe gegeben hat, dann stellst du die Werbeanzeigen mit den Verkäufen wieder auf aktiv.

Wichtig für deine Analysen ist immer, dass sich eine Anzeige lohnt. Es ist egal, ob dich der Lead einen oder 20 Euro kostet. Wichtig ist nur, ob du damit Gewinn oder Verlust machst.

Damit du das Optimum erreichst ist es wichtig, dass du deine Anzeigen testest! Erstelle von mir aus 20 Werbeanzeigen für den gleichen Zweck. Du hast bei Facebook keine Begrenzung. Wichtig ist nur, dass du eine Werbeanzeige findest, die so gut läuft, dass du das Budget erhöhen und die Anzeige somit skalieren kannst.

Deshalb lautet das Motto bei Facebook Werbeanzeigen nach der Erstellung immer: Testen, testen, testen! ☺

Warum Werbung bei Facebook nur die halbe Wahrheit ist

Das Buch neigt sich nun dem Ende zu und du hast inzwischen viel über Facebook Werbeanzeigen gelesen und auch Grundwissen in Sachen Marketing und Verkauf von mir erhalten.

Worüber wir jedoch noch nicht ausführlich gesprochen haben ist, dass es mit Facebook Werbeanzeigen allein nicht getan ist.

Alles was du in den Seiten dieses Buches gelesen hast ist sehr wichtig für dein Business, aber es ist nur die halbe Wahrheit.

Die andere Hälfte betrifft deine Website beziehungsweise deinen Onlineshop oder deine Landing Page.

Deine Werbeanzeigen können noch so gut sein, wenn deine Landing Pages oder deine Websites dahinter nicht gut, beziehungsweise nicht auf den Verkauf oder das Kampagnenziel optimiert sind.

Wenn du Leads generieren möchtest und dein Interessent findet ohne Studium kein Opt-In Formular, dann kannst du die beste Werbeanzeige der Welt haben, Leads generierst du trotzdem keine.

Du solltest von Facebook Werbeanzeigen nach Möglichkeit immer auf eine Landing Page leiten.

Leite die Menschen im E-Commerce niemals auf die Startseite deines Onlineshops. Das funktioniert nicht. Die Besucher werden dir wieder abspringen, weil sie keine Lust haben werden in deinem Onlineshop irgendetwas zu suchen.

Achte darauf, dass du Werbeanzeigen immer zielgerichtet auf eine Aktion oder ein Produkt auslegst und die Landing Page dahinter ebenfalls nur auf eine Aktion oder ein Produkt ausgelegt ist.

Alles, was den Besucher von deinem Ziel ablenken könnte, sollte dort nicht stehen. Gerade im Onlineshop ist es durch das Menü oftmals schwierig die Aufmerksamkeit des Besuchers zu behalten, da schnell weggeklickt wird.

Eine Werbeanzeige und eine Landing Page dienen nur einem einzigen Zweck und alles andere darf in keinem der beiden vorkommen. Es geht bei beiden nur um ein Produkt oder eine Dienstleistung und nicht um zwei, drei oder mehreren Dingen. Eine einzige!

Wenn du lernen möchtest, wie Online Marketing ganzheitlich profitabel funktioniert, dann kann ich dir nur empfehlen meiner geheimen Insidergruppe bei Facebook beizutreten.
Wie du zu meiner Insidergruppe kommst, erfährst du hier: http://benschneider.biz/insidergruppe

Schlusswort

Ich hoffe, dass du alles aus diesem Buch wirklich verstanden hast und somit dein Wissen über Facebook Werbeanzeigen erweitern konntest.

Ich kann dir auf diesen Seiten nur theoretisches Wissen vermitteln. In der Praxis umsetzen musst du es letzten Endes selbst.

Wichtig ist, dass du dir Zeit für deine Werbeanzeigen nimmst und dir wirklich Gedanken machst. Starte nicht mit zu viel Budget und starte nicht zu blauäugig.

Jeder kann heutzutage Werbung bei Facebook erstellen, aber es hat einen Grund, warum es Profis gibt, die sich mit nichts anderem beschäftigen.

Wichtig ist mir, dass du ins Handeln kommst und ich dich persönlich mit diesem Buch besser gemacht habe.

Beginne noch heute damit, dir Gedanken über deine erste oder nächste Werbeanzeige zu machen. Begebe dich noch heute an die Umsetzung!

Ich habe mehr als 10.000 Euro Budget verbrannt, habe hunderte von Werbeanzeigen geschaltet und Jahre Erfahrungen gesammelt, um das Wissen und die Erfahrung zu erlangen, die ich dir in diesem Buch vermittelt habe.

Es geht nicht alles von heute auf morgen, aber wenn du Starthilfe, wie durch dieses Buch hast, dann kannst du in sehr kurzer Zeit mit Facebook Werbeanzeigen sehr große Erfolge feiern.

Leider hatte ich diese Starthilfe damals nicht, aber du hast sie! Du hältst dieses Buch in den Händen! Du kennst meinen YouTube Channel und hast die Möglichkeit Kontakt zu mir aufzunehmen und meiner geheimen Insidergruppe bei Facebook beizutreten.

Du hast die Möglichkeit Hilfe zu bekommen, also nutze diese Möglichkeit, denn sie wird dir nicht nur Zeit, sondern nachhaltig auch Geld sparen!

Ich würde mich freuen, wenn du zu diesem Buch eine Rezension bei Amazon abgeben würdest. Dadurch hilfst du mir mein Ziel des Bestsellers bei Amazon zu erreichen. Das ist nicht nur so daher gesagt, sondern du kannst mir damit wirklich sehr helfen.

Gehe dazu einfach auf die Produktseite dieses Buches bei Amazon und gib am Ende der Seite deine Meinung dazu ab. Ich lese alle Bewertungen selbst und würde mich sehr freuen auch eine von dir lesen zu können.

Wenn du weiterhin Fragen zum Thema Facebook Werbeanzeigen hast, dann kontaktiere mich gerne über das Kontaktformular meiner Website.

Ich wünsche dir nun von Herzen alles Gute und viel Erfolg mit deinen Werbeanzeigen bei Facebook.

Katapultiere dein Unternehmen auf das nächste Level!

Dein Ben

Mein Angebot für dich!

Ich möchte, dass du in die Umsetzung kommst! Deshalb lade ich dich hiermit herzlich in meine Insidergruppe ein und möchte für dich den Kauf dieses Buches doppelt belohnen!

Mit dem Gutscheincode „**FBBuch**" bzw. unter folgendem Link,

http://benschneider.biz/insidergruppe2018/FBBUCH

bekommst du den Zugang zu meiner Facebook Insidergruppe um 10% günstiger!

Lesen und sich das Wissen aneignen ist das eine. Das erlernte Wissen umsetzen, sich wöchentlich weiterbilden und mir deine persönlichen Fragen direkt zu stellen, ist das andere und genau das wird deine Umsatzzahlen explodieren lassen!

Nutze diese Chance!